长江经济带与中国经济发展（2021）

田国强　秦尊文　徐慧玲　等　主编

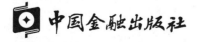
中国金融出版社

责任编辑：曹亚豪

责任校对：潘 洁

责任印制：王效端

图书在版编目（CIP）数据

长江经济带与中国经济发展 . 2021 ／ 田国强等主编 . —北京：中国金融出版社，2022.12

ISBN 978-7-5220-1780-8

Ⅰ.①长…　Ⅱ.①田…　Ⅲ.①长江经济带—区域经济发展—研究 ②中国经济—经济发展—研究　Ⅳ.①F124

中国版本图书馆 CIP 数据核字（2022）第 196304 号

长江经济带与中国经济发展（2021）

CHANGJIANG JINGJIDAI YU ZHONGGUO JINGJI FAZHAN（2021）

出版
发行　中国金融出版社

社址　北京市丰台区益泽路 2 号

市场开发部　（010）66024766，63805472，63439533（传真）

网 上 书 店　www.cfph.cn

　　　　　　（010）66024766，63372837（传真）

读者服务部　（010）66070833，62568380

邮编　100071

经销　新华书店

印刷　北京九州迅驰传媒文化有限公司

尺寸　169 毫米×239 毫米

印张　13.25

字数　220 千

版次　2022 年 12 月第 1 版

印次　2022 年 12 月第 1 次印刷

定价　48.00 元

ISBN 978-7-5220-1780-8

如出现印装错误本社负责调换　联系电话（010）63263947

序

党的十八大以来，以习近平同志为核心的党中央以高度的历史使命感和责任担当，直面生态环境面临的严峻形势，高度重视社会主义生态文明建设，坚持绿色发展，把生态文明建设融入经济建设、政治建设、文化建设、社会建设各方面和全过程，加大生态环境保护力度，推动生态文明建设在重点突破中实现整体推进。认真学习习近平生态文明思想，对于我们深刻认识生态文明建设的极端重要性，坚持和贯彻新发展理念，正确处理好经济发展同生态环境保护的关系，坚定不移走生产发展、生活富裕、生态良好的文明发展道路，推进美丽中国建设，努力走向社会主义生态文明新时代，实现"两个一百年"奋斗目标，实现中华民族伟大复兴的中国梦，具有十分重要的意义。

本书是湖北经济学院财经高等研究院、长江经济带发展战略研究院一年来学术交流与科学研究的结晶，分为上、下两篇。

上篇为2021年11月14日召开的第四届长江经济带发展战略论坛主旨发言整理稿。此次论坛以加快建立生态产品价值实现机制为主题，是贯彻落实习近平生态文明思想的重要举措，是践行"绿水青山就是金山银山"理念的现实路径，是从源头上推动生态环境领域国家治理体系和治理能力现代化的基础环节，对推动经济社会发展全面绿色转型具有重要意义。近年来，国家先后在浙江丽水市、江西抚州市开展生态产品价值实现机制试点，全面探索可复制、可推广的生态产品价值实现机制，由于生态产品多数属于公共产品，其价值在市场中无法完全实现，因此，打通"绿水青山就是金山银山"双向转换通道，探索生态产品价值实现机制，有利于调动全社会的积极性，构建起高质量绿色发展的现代化经济体系。湖北是国家重要的生态屏障，也是国家重要的老工业基地，不论是生态修复还是环境保护，绿色发展任务比较艰巨，湖北等省份"绿水青山"与"金山银山"有机统一的文章做好了，对长江经济带、对全国都有着重大借鉴意义。本次论坛各位专家学识渊博、学术精湛，大家在线上、线下畅所欲言，为探索建立生态产品价值实现机制，实现"十四五"时期长江经济带高质量发展贡献了大量智力成果，提出了不少前瞻性、可操作的决策建议。此次论坛创新地与长江日报——长江网合作，全程报道并全网推广，观看直播峰值达25.6万人，全天累计206万余人观看了论坛直播，并得到全国范围内60家媒体的关注，累计发稿310余篇，累计阅读量超过1000万次，有效地传播了论坛成果，扩大了论坛的社会影响力。

下篇收录了长江经济带发展战略研究院2021年部分研究成果。在湖北经济学院的大力支持下，秦尊文执行院长主动谋划，同志们积极配合，在科学研究、服务社会、学生培养上取得长足进步，长江经济带发展战略研究院的社会影响力、学界知名度开始显现。一年来，长江经济带高质量发展智库联盟及长江经济带发展战略研究院聚焦区域经济、绿色发展，以长江经济带为重点研究对象，持续产出高质量研究成果。联盟常务副秘书长李浩教授申报的《澜沧江—湄公河干流梯级水库调度跨境合作机制研究》获批国家社科基金一般项目。2021年陆续出版《长江中游城市群区域经济一体化发展研究》《长江流域生态补偿机制研究》《长江经济带农业转型发展研究》《长江经济带交通基础设施演进及其空间效应研究》《长江经济带与中国经济发展（2018）》《长江经济带与中国经济发展（2020）》等专著，社会影响力初步显现。在服务决策上，长江经济带高质量发展智库联盟及长江经济带发展战略研究院一直以来与湖北省发展与改革委员会保持紧密合作，于2021年4月26日承办省发展改革委（长江办）主办的"长江中游绿色崛起研讨会"，会上形成的专家观点获得常务副省长李乐成批示。秦尊文执行院长、李浩教授撰写的《以磷石膏综合利用为突破口打好减磷攻坚战》获副省级领导批示。与此同时，联盟继续通过《长江智库观察》建言献策，刊发12期，受到省委省政府及相关部门的高度重视。2021年，长江经济带高质量发展联盟及长江经济带发展战略研究院与长江日报报业集团多次开展研讨会及小型论坛，探索深入合作模式，签署战略合作协议，力图扩大社会影响力。在服务地方发展上，长江经济带高质量发展智库联盟及长江经济带发展战略研究院致力于"政产学研金服用"多方联动，开展全方位、多层次、宽领域的合作，2021 年组织专家团队先后赴洪湖、内蒙古等地，与当地政府、科研机构开展座谈，积极推动洪湖湿地综合治理，首倡"将洪湖打造为全国首个湿地碳中和先行示范区"；与武汉市农业科学院深度合作，推动湖北农业高质量发展；与内蒙古大自然生态环境系统工程研究院合作，共同开办"湖北大自然生态系统工程研究院"，拓展碳中和规划等第三方服务。2021 年，长江经济带发展战略研究院成功申报中国国土勘测规划院横向项目，获批经费 29.8 万元。同时，秦尊文秘书长先后参加省发展改革委研究起草区域发展布局实施意见座谈会、"宜荆荆恩"城市群一体化发展高峰论坛、长江中游城市群协同发展调研座谈会等会议并发表主旨演讲，持续聚焦区域经济发展。

财经高等研究院在长江经济带高质量发展智库联盟和长江经济带发展战略研究院的支撑下，2021 年度各项成果产出稳步提升，部分成果取得突破性进展。成功获批国家社科基金一般项目 1 项、后期资助项目 1 项；国家自科基金青年项目 1 项；教育部人文社科基金规划项目 1 项、青年项目 2 项，总经费达 96 万元，三大基金立项数继续保持在全校前列。承接包括中国国土勘测规划院项目在内的横向课题共 3 项，总金额达 46.8 万元。高水平论文持续产出，2021 年全院累计发表中英文论文 27 篇（中文论文 10 篇，英文论文 17 篇）。其中，中文三类及以上论文 2 篇，含英文 A 类期刊在内的SSCI（JCR 二区）及以上英文论文 7 篇。此外，出版含百佳出版社在内的专著 6 部，应用性研究报告获得副省级领导签批 1 项，获得湖北省发展研究奖二等奖、三等奖各 1 项。

本书通过对第四届长江经济带发展战略论坛成果的整理和学院老师一年来在相关领域研究的成果展示，希望对长江经济带地区经济社会发展，尤其是对加快建立生态产品价值实现机制起到一定的智力支持作用。

田国强

2022 年 9 月 15 日

目 录

上篇

下篇

上 篇

会议日程

时间	议程	嘉宾
11月14日 8：30—9：40	**会议开幕式** （主持人：方洁 湖北经济学院校长）	全国政协常委、湖北省政协副主席、民建湖北省委会主委**郭跃进**致辞
		湖北省教育厅党组成员、副厅长（正厅级）**周启红**致辞
		湖北省推动长江经济带发展和生态保护领导小组办公室副主任**常贤波**致辞
		湖北经济学院党委书记**温兴生**致辞
		长江日报报业集团党委书记、社长、董事长、总编辑**陈光**致辞
		长江经济带高质量发展智库联盟与长江网签约仪式
		长江经济带数据中心发布仪式
		著名经济学家**田国强**致辞
11月14日 9：45—11：55	**主旨演讲** （主持人：艾春荣 著名经济学家、 湖北经济学院 特聘教授） 每人15~20分钟	**张来武**(科技部原副部长、中国软科学研究会理事长、长江经济带发展战略研究院名誉院长)
		范恒山(著名经济学家、国家发展改革委原副秘书长、长江经济带高质量发展智库联盟理事长)
		刘耀彬(南昌大学党委常委、副校长、教授)
		陈诗一(安徽大学党委副书记、常务副校长、教授)
		文传浩(云南大学经济学院教授)
		张学良(上海财经大学长三角与长江经济带发展研究院执行院长)
		罗黎平(湖南省社会科学院区域经济与绿色发展研究所所长、研究员)
11月14日 13：30—14：30	**长江经济带高质量发展智库联盟理事会**	

续表

时间	议程	嘉宾
11月14日 14：35—16：35	**学术交流会** （主持人：**秦尊文** 长江经济带高质量 发展智库联盟秘书长、 长江经济带发展 战略研究院执行院长） 每人15分钟	**宋德勇**（华中科技大学经济学院副院长、教授） **蔡学良**（亚洲开发银行项目官员、博士） **罗　静**（华中师范大学湖北高质量发展研究院院长、教授） **邓宏兵**（中国地质大学（武汉）区域经济与投资环境研究中心主任、教授） **彭智敏**（湖北省人民政府参事、湖北省社会科学院研究员） **赵　旭**（三峡大学经济与管理学院副院长、教授） **孙永平**（湖北经济学院低碳经济学院常务副院长、教授） **付晨玉**（湖北经济学院财经高等研究院讲师）
11月14日 16：35—16：45	**长江经济带系列丛书新书发布会**	
11月14日 16：45—16：55	**会议闭幕式**	长江经济带高质量发展智库联盟秘书长、湖北经济学院长江经济带发展战略研究院执行院长**秦尊文**总结致辞

第四届长江经济带发展战略论坛实录

（根据会议速记整理，已经本人审阅）

时　　间：2021 年 11 月 14 日上午

地　　点：线上会议平台：腾讯会议

　　　　　线下观众会场：湖北经济学院 5 号教学楼 2 号报告厅

主持人：方　洁　湖北经济学院校长

　　　　艾春荣　著名经济学家、湖北经济学院特聘教授

会 议 开 幕 式

主持人　方洁　湖北经济学院校长

尊敬的郭跃进主席、张来武部长、范恒山秘书长、周启红厅长、常贤波副主任，尊敬的各位领导、专家学者，老师们、同学们：

大家上午好！

今天我们相聚"云端"，参加由湖北经济学院、长江经济带高质量发展智库联盟、长江日报报业集团联合主办的"第四届长江经济带发展战略论坛"。首先，我谨代表湖北经济学院向各位领导、各位专家学者、各位来宾表示热烈欢迎！

我是湖北经济学院校长方洁。下面，请允许我介绍出席此次论坛的领导，他们分别是：

全国政协常委、湖北省政协副主席、民建湖北省委主委**郭跃进**同志；

科技部原副部长、中国软科学研究会理事长**张来武**同志；

国家发展改革委原副秘书长**范恒山**同志；

湖北省教育厅党组成员、副厅长**周启红**同志；

湖北省推动长江经济带发展和生态保护领导小组办公室副主任**常贤波**

同志。

今天，我们还邀请到了国内高校和科研院所从事生态文明、低碳经济研究的专家学者们，他们分别是：

南昌大学党委常委、副校长**刘耀彬**教授；

安徽大学党委副书记、常务副校长**陈诗一**教授；

云南大学经济学院**文传浩**教授；

上海财经大学长三角与长江经济带发展研究院执行院长**张学良**教授；

湖南省社会科学院区域经济与绿色发展研究所所长、研究员**罗黎平**同志；

湖北省人民政府参事、湖北省社会科学院研究员**彭智敏**同志；

华中科技大学经济学院副院长**宋德勇**教授；

亚洲开发银行项目官员**蔡学良**博士；

华中师范大学湖北高质量发展研究院院长**罗静**教授；

中国地质大学（武汉）区域经济与投资环境研究中心主任**邓宏兵**教授；

三峡大学经济与管理学院副院长**赵旭**教授；

长江科学院农水所教授级高工**曾祥**同志。

参加此次论坛的媒体代表有：

长江日报报业集团长江网总编辑**杨文平**同志；

长江日报报业集团长江网副总编辑**雷雨**同志。

参加此次论坛的企业代表有：

深圳希施玛数据科技有限公司**崔凯龙**高级副总经理。

参加此次论坛的主办方、承办方代表有：

湖北经济学院党委书记**温兴生**同志；

湖北经济学院党委常委、副校长**鲁晓成**同志；

长江日报报业集团党委书记、社长、董事长、总编辑**陈光**同志；

著名经济学家、湖北经济学院财经高等研究院院长、长江经济带发展战略研究院院长**田国强**教授；

著名经济学家、湖北经济学院特聘教授**艾春荣**教授；

长江经济带高质量发展智库联盟秘书长、湖北经济学院长江经济带发展战略研究院执行院长**秦尊文**教授；

湖北经济学院低碳经济学院常务副院长**孙永平**教授；

湖北经济学院长江经济带发展战略研究院**李浩**教授。

参加此次论坛的嘉宾还有媒体记者，湖北经济学院各学院分管科研的副院长、各科研平台负责人以及从事长江经济带相关研究的教师代表和财经高等研究院的师生。

我对大家的到来表示热烈欢迎！本次论坛议程分上午、下午两个单元。上午的会议包括开幕式和主旨演讲两个环节。

下面，我们举行第四届长江经济带发展战略论坛开幕式，有请全国政协常委、湖北省政协副主席、民建湖北省委主委**郭跃进**同志致辞，大家欢迎！

郭跃进　湖北省政协副主席

各位嘉宾，老师们、同学们：

大家上午好！今天非常高兴参加这个具有纪念意义的学术盛宴。记得第一届论坛召开时，我接受了主办方尤其是张部长的邀请，但因时间冲突，非常遗憾未能参会。今天有幸在"云"上相聚，我首先要对第四届长江经济带发展战略论坛在湖北经济学院隆重召开表示热烈祝贺！向各位专家学者和与会嘉宾表示热烈欢迎！

各位专家、嘉宾，生态文明建设是关系人民福祉、关系民族未来的大计。党的十八大以来，以习近平同志为核心的党中央以高度的历史使命感和责任担当，直面生态环境面临的严峻形势，高度重视社会主义生态文明建设，坚持绿色发展，把生态文明建设融入经济建设、政治建设、文化建设、社会建设各方面和全过程，加大生态环境保护力度，推动生态文明建设在重点突破中实现整体推进。认真学习习近平生态文明思想，对于我们深刻认识生态文明建设的极端重要性，坚持和贯彻新发展理念，正确处理好经济发展同生态环境保护的关系，坚定不移走生产发展、生活富裕、生态良好的文明发展道路，推进美丽中国建设，努力走向社会主义生态文明新时代，实现"两个一百年"奋斗目标，实现中华民族伟大复兴的中国梦，具有十分重要的意义。

习近平总书记强调，保护生态环境必须依靠制度、依靠法治。只有实行最严格的制度、最严密的法治，才能为生态文明建设提供可靠保障。在这方面，最重要的是要完善经济社会发展考核评价体系，把资源消耗、环境损害、生态效益等体现生态文明建设状况的指标纳入经济社会发展评价体系，建立体现生态文明建设要求的目标体系、考核办法、奖惩机制，使之成为推进生态文明建设的重要导向和约束。从制度来说，要建立健全生态环境保护管理制度，加快建立国土空间开发保护制度，强化水、大气、土壤等污染防治制度，建立反映市场供求和资源稀缺程度、体现生态价值、代际补偿的资源有偿使用制度和生态补偿制度，加快建立生态产品价值实现机制，完善环境保护公众参与制度，强化制度约束作用。

当前，全省上下正在准确理解和把握习近平生态文明思想的丰富内涵、精神实质和实践要求，继续以人民为中心，围绕重点、细化措施、落实责任、精准治污，不断提高人民群众的幸福感、获得感、安全感。

一是打好打胜污染防治攻坚战。聚焦水质提升攻坚，着力消除劣 V 类国控断面。突出空气质量改善，推进环境空气质量源解析、源清单编制以及臭氧应对研究，强化重污染天气应急管控。落实土壤污染防治责任，推动重点行业企业用地土壤污染调查，建立污染地块清单和优先管控名录。严格地下水监管。

二是持续推动长江大保护。打好长江大保护十大标志性战役，实施长江保护修复攻坚行动计划，继续深入开展饮用水水源地、"绿盾"行动、入河（湖）排污口、"清废行动"等领域系列专项整治。持续推进长江经济带绿色发展十大战略性举措，支持长江沿线产业布局优化调整。

三是始终保持督察整改高压态势。统筹推进中央生态环境保护督察"回头看"、省级生态环境保护督察和长江经济带生态环境警示片指出的问题的整改。坚决反对脱离实际、搞"一刀切"。积极开展定点帮扶工作，配合长江保护修复驻点跟踪研究，切实帮助地方改善环境质量。

总之，我们经过艰苦努力，打赢了污染防治攻坚战。未来生态文明建设任重道远。湖北经济学院以敏锐的政治意识、良好的学术风尚，紧扣国之大器，服务湖北大局，见效早，行动快，必将有利于湖北经济学院自身学科建设和人才培养，必将有利于湖北省在长江经济带和中部城市群发展战略中阔步前进。

再次向专家学者、各位嘉宾表示欢迎，也预祝本次论坛取得圆满成功，谢谢大家！

主持人：

感谢郭主席！

下面，我们举行开幕式第二项，有请湖北省教育厅党组成员、副厅长周启红同志致辞，大家欢迎！

周启红　湖北省教育厅党组成员、副厅长（正厅级）

尊敬的张来武部长、范恒山秘书长，各位嘉宾，老师们、同学们：

淡淡梅花香欲染，丝丝柳带露初干。值此深秋时节，非常高兴参加这样一个具有重大意义的活动，首先我代表省教育厅向第四届长江经济带发展战略论坛在湖北经济学院隆重召开表示热烈祝贺！向各位专家学者及各位嘉宾的到来表示热烈欢迎！

下面，我讲三点意见。

第一，本届论坛以加快建立生态产品价值实现机制为主题，具有很高的政治站位。

党的十八大以来，以习近平同志为核心的党中央以高度理论自觉和实践自觉，把生态文明建设纳入中国特色社会主义事业"五位一体"总体布局中，确立了"习近平生态文明思想"。习近平生态文明思想是习近平新时代中国特色社会主义思想的重要组成部分，是对党的十八大以来习近平总书记围绕生态文明建设提出的一系列新理念、新思想、新战略的高度概括和科学总结，是新时代生态文明建设的根本遵循和行动指南，也是马克思主义关于人与自然关系理论的最新成果。本次论坛以加快建立生态产品价值实现机制为主题，就是深入学习和贯彻习近平生态文明思想的生动实践，具有很高的政治站位，体现了湖北高校的学术担当。

第二，湖北经济学院办学思路清晰，办学成效显著。

一是办学目标和办学特色十分清晰。学校以"建设特色鲜明的高水平财经大学"为目标，以"五个聚焦聚力""两个提升"为办学路径，以培养"三有三实"人才为办学特色，近年来在师资队伍建设、一流专业建设、思政课程改革等方面取得了比较明显的成效。据了解，学校教师博士化率已经达到52%，并先后引进了著名经济学家田国强教授，国内知名学者杨胜刚教授、齐绍洲教授、秦尊文教授等一批学科领军人才。2021年，学校申请增列硕士学位授予单位，申请新增会计、金融、法律3个专硕点，目前已经通过国务院学位委员会审核公示，学校发展站上了新起点、跃上了新平台。二是服务地方经济成果日益突出。湖北经济学院领导班子不忘初心，明确提出"办湖北的经济学院"，近年来，聚焦湖北省经济社会发展中的重点、难点问题，为省委省政府重大决策做出了贡献。近5年，承担国家自科、国家社科、教育部人文社科基金项目123项，获得省部级以上科研成果奖 36 项，52 份研究报告得到中央、省部级领导批示，一批研究成果直接转化为国家和地方政策法律、进入政府的规划和决策，科研为地方社会经济服务成效显著。三是学校倡导的"智库育人"理念值得推广。湖北经济学院积极响应党中央号召，在长江经济带区域协调发展中唱响"湖北声音"。长江经济带发展战略研究院成立以来，连续四届举办长江经济带发展战略论坛，已经取得的各项成果可喜可贺；湖北经济学院发起成立的"长江经济带高质量发展智库联盟"，在政府和智库之间起到了桥梁和纽带作用。近年来，学校在引进高端人才、提升师资水平、持续推进成果转化的同时，将科研过程融入、反哺、落实到人才培养上来，做好人才培养这篇大文章，利用智库成果提升大学课堂质量，实施智库项目带动学生科研，致力打造一流精品课程，营造浓厚学术氛围，这些做法是落实新时代高等教育改革的具体举措，希望继续坚持，久久为功，早日开花结果。

第三，众多专家齐聚一堂，本次论坛成果值得期待。

中央提出，到 2025 年，生态产品价值实现的制度框架初步形成，比较科学的生态产品价值核算体系初步建立，生态保护补偿和生态环境损害赔偿政策制度逐步完善，生态产品价值实现的政府考核评估机制初步形成，生态产品"难度量、难抵押、难交易、难变现"等问题得到有效解决，保护生态环境的利益导向机制基本形成，生态优势转化为经济优势的能力明显增强。要实现中央提出的目标，使命光荣、责任重大。令人欣喜的是，本次论坛聚集了一大批国内权威专家和中青年新锐，期待大家为加快建立生态产品价值实现机制，积极建言献策，贡献真知灼见。

最后，再次向专家学者、各位来宾表示欢迎，也预祝本次论坛取得圆满成功，谢谢大家！

主持人：

感谢周厅长！

下面，我们举行开幕式第三项，有请湖北省推动长江经济带发展和生态保护领导小组办公室副主任常贤波同志致辞，大家欢迎！

常贤波　湖北省推动长江经济带发展和生态保护 领导小组办公室副主任

尊敬的各位专家学者，老师们、同学们：

上午好！

非常高兴以线上形式参加由湖北经济学院主办的第四届长江经济带发展战略论坛，我谨代表湖北省发展和改革委员会，对论坛的召开表示热烈祝贺！向长期以来研究长江经济带的各位专家学者表示诚挚的敬意！

借此机会，我谈三点想法。

第一，本次论坛的主题非常有意义，我高度认同本次论坛的主题。

党中央高度重视生态产品价值实现机制问题。2005 年 8 月 15 日，时任浙江省委书记的习近平首次提出"绿水青山就是金山银山"的科学理念，对生态产品价值实现机制的探索就此萌发。习近平总书记在 2018 年深入推动长江经济带发展座谈会、2020 年全面推动长江经济带发展座谈会、2021 年 2 月 19 日中央全面深化改革委员会第十八次会议、2021 年 4 月 30 日中共中央政治局就新形势下加强我国生态文明建设进行第二十九次集体学习等多个场合均强调"要建立健全生态产品价值实现机制，让保护修复生态环境获得合理回报，让破坏生态环境付出相应代价"。

湖北省积极探索生态产品价值实现机制，研究完善自然资源生态产品价值核算办法，深化宜昌、十堰、鄂州、恩施、神农架林区等地生态产品价值实现机制试点。在丹江口库区加快完善水资源价格形成机制，建立公平合理的省域生态保护补偿制度。

建立生态产品价值实现机制说易行难。一方面，在实际操作中难以真正体现生态产品市场价值；另一方面，地方生态产品价值实现机制试点存在着体制不顺、生态产品市场机制不健全、基础理论研究相对滞后等共性问题，使得生态产品"难度量、难抵押、难交易、难变现"等问题无法得到有效解决。真诚希望各位专家学者围绕加快建立生态产品价值实现机制的会议主题，各抒己见，积极为湖北和长江经济带高质量发展献计献策。

第二，十分钦佩湖北经济学院勇于担当服务湖北发展的精神。

湖北经济学院是湖北省属唯一的公办财经类院校，始终秉持"办湖北的经济学院"理念，以服务地方经济社会发展为己任，充分发挥学科专业优势，立足湖北、服务湖北，着力破解湖北省经济社会发展中的重点、难点和热点问题，提出了具有前瞻性、科学性、实用性的政策建议，在一些前沿应用问题和重要理论问题的研究上取得了突破，为湖北省经济社会发展提供了人才和智力支撑，一批研究报告得到中央、省部级领导批示，一批研究成果直接转化为国家和地方政策法律、进入政府的规划和决策。面对"深入推动长江经济带发展"的战略机遇，湖北经济学院迅速反应，2018年底正式挂牌成立了长江经济带发展战略研究院。成立三年来，研究院撰写了一批高水平论文、高质量报告，积极为湖北及长江经济带发展建言献策。三年来的成绩可喜可贺。希望湖北经济学院进一步发挥学科优势，积极为湖北高质量发展提供人才支撑、智力支撑、创新支撑，为服务湖北发展做出更大贡献。

第三，非常期待长江经济带高质量发展智库联盟为湖北发展提供智力支撑、发挥积极作用。

推动长江经济带高质量发展，是一个宏大、深邃的科学命题，需要全方位、宽领域、跨学科开展专题研究，需要各方面力量积极参与、久久为功。长江经济带高质量发展智库联盟逐步发挥跨区域、跨产业、跨部门的协同优势，开始产生高端智库间的聚合联动效应。希望智库联盟按照"湖北一流、国内特色、走向世界"的发展目标，打造政府与研究机构沟通的桥梁、产业协同创新的纽带、公共政策信息的平台，在"十四五"期间为推动长江经济带高质量发展做出新的更大贡献。

最后，预祝本次论坛取得圆满成功！

主持人：

感谢常主任！也感谢各位领导对长江经济带发展战略论坛和湖北经济学院长期以来的关心和支持！

下面，我们开幕式第四项，有请湖北经济学院党委书记温兴生同志致辞。

温兴生　湖北经济学院党委书记

尊敬的张来武部长、范恒山秘书长，各位领导、各位专家，老师们、同学们：

大家上午好！

在全国上下庆祝中国共产党成立 100 周年、掀起学习党的十九届六中全会精神热潮的背景下，第四届长江经济带发展战略论坛如期举办。在此，我谨代表湖北经济学院，对各位领导、各位专家的莅临表示热烈欢迎！对省政协、省发展改革委、省教育厅等部门，对长江日报报业集团和长江经济带高质量发展联盟各理事单位的大力支持表示衷心感谢！

湖北经济学院是一所既老又新的大学，办学历史最早可追溯到 1907 年张之洞创办的"湖北商业中学堂"。2002 年，湖北商业高等专科学校、武汉金融高等专科学校、湖北省计划管理干部学院"三源归一"合并组建成湖北经济学院，可以说湖北经济学院的血脉中流淌着百年商科的办学历史，洋溢着与时俱进的改革开放精神，更拥有着引以为傲的红色基因。湖北经济学院以经济学、管理学为主干，法学、文学、理学、工学、艺术学等相关学科协调发展，建有"现代服务业""区域经济发展与碳中和""人工智能与数字经济" 3 个省级优势特色学科群和法学省级优势特色学科，获批国家级一流本科专业建设点 13 个，建成国家级实验教学示范中心 1 个，现有专任教师 1083 人，博士化率和高职称教师占比均超过 50%。经过近 20 年的发展，湖北经济学院紧紧抓住中国高等教育大发展的历史机遇，不断深化教育教学改革，实现了办学条件、办学水平、办学层次的历史性跨越。就在前几日，湖北经济学院正式增列为硕士学位授予单位，新增会计、金融、法律 3 个专硕点，学校发展站上了新起点、跃上了新平台。

上个月，湖北经济学院成功召开了第四次党代会，提出了学校"十四五"阶段及中长期的奋斗目标。简单来说，就是通过"三步走"，实现"升大学、升博点"的"双升"战略目标，即到 2025 年，应用经济学学科进入省"双一流"，更名大学条件全面达标；到 2030 年，成功更名大学，增列博士学位授予单位条件全部达标；到 2035 年，成功增列为博士学位授予单位，基本建成特色鲜明的高水平财经大学。今天的湖北经济学院以全新的面貌进入高成长、高质量发展新阶段，以崭新的姿态加快内涵发展、升级进位的步伐，开启了全面建设特色鲜明的高水平财经大学新征程。

各位来宾，湖北经济学院长江经济带发展战略研究院成立 3 年来，围绕长江经济带高质量发展、长江经济带大数据决策等领域开展研究，取得了一批高水平成果：主持、承担国家自科、国家社科、教育部人文社科基金项目 8 项，其他项目 14 项；在《中国科学》《经济研究》《管理世界》《经济学（季刊）》等国际、国内权威期刊发表论文 59 篇；出版长江经济带高质量发展研究丛书等专著 13 部；1 份研究报告获国务院副总理刘鹤签批，13 份咨询报告、调研成果获湖北省领导批示；4 项成果获副省部级以上社会科学优秀成果奖。在抗击新冠肺炎疫情的战斗中，研究院充分发挥智力优势，先后提交了《新冠肺炎疫情下扶持中小企业发展的政策建议》《呼请中央组织进行"疫后重振"》等 20 余份建议，部分建议被省委办公厅、省政府办公厅内刊转载并报送国家有关部门，相关观点取得了良好的社会反响。

同时，湖北经济学院长江经济带发展战略研究院于 2021 年 10 月获批为中国区域经济学会理事单位，成为湖北省、武汉市绿色发展的重要参谋智囊。2019 年发起成立的长江经济带高质量发展智库联盟，也已开始整合省内外研究长江经济带的各类智库资源，形成了跨区域、跨产业、跨部门协同优势，发挥了各类高端智库间的聚合联动效应。事实证明，长江经济带发展战略研究院的发展定位是清晰的、正确的，取得的成绩也是可喜的、有成效的。

各位来宾，一年前的今天，习近平总书记在南京主持召开全面推动长江经济带发展座谈会并发表重要讲话。近日，随着《"十四五"长江经济带发展实施方案》印发，长江经济带发展进入全面深入实施阶段。值此时机，湖北经济学院举办以加快建立生态产品价值机制为主题的论坛意义重大。

本次论坛以加快建立生态产品价值实现机制为主题，是贯彻落实习近平生态文明思想的重要举措，是践行"绿水青山就是金山银山"理念的现实路径，是从源头上推动生态环境领域国家治理体系和治理能力现代化的基础环节，对推动经济社会发展全面绿色转型具有重要意义。近年来，国家先后在浙江丽水市、江西福州市开展生态产品价值实现机制试点，全面探索可复制、可推广的生态产品价值实现机制，由于生态产品多数属于公共产品，其价值在市场中无法完全实现，因此，打通"绿水青山就是金山银山"双向转换通道，探索生态产品价值实现机制，有利于调动全社会的积极性，构建起高质量绿色发展的现代化经济体系。湖北是国家重要的生态屏障，也是国家重要的老工业基地，不论是生态修复还是环境保护，绿色发展任务都比较艰巨，湖北等省份"绿水青山"与"金山银山"有机统一的文章做好了，对长江经济带、对全国都有着重大借鉴意义。各位专家学识渊博、学术精湛，希望大家畅所欲言，为探索建立生态产品价值实现机制，实现"十四五"时期长江经济带高质量发展做出新的贡献。

最后，预祝本次论坛取得圆满成功！祝愿长江经济带高质量发展智库联盟合作顺利！祝各位领导、各位来宾身体健康、工作愉快！

谢谢大家！

主持人：

感谢温书记的致辞！从2018年湖北经济学院举办长江经济带发展战略论坛以来，这次已经是第四届，得到了社会各界的广泛关注和在座各位的持续帮助，在此表示感谢！

下面，我们举行开幕式第五项，有请长江日报报业集团党委书记、董事长陈光同志致辞。

陈光 长江日报报业集团党委书记、社长、董事长、总编辑

各位领导、各位来宾：

大家上午好！

在习近平总书记主持召开全面推动长江经济带发展座谈会一周年之际，长江日报报业集团与湖北经济学院长江经济带高质量发展智库联盟，共同举办第四届长江经济带发展战略论坛，围绕加快建立生态产品价值实现机制展开交流研讨，具有非常重要的意义。在此，我谨代表长江日报报业集团对各位领导、嘉宾和各位专家学者的到来表示热烈欢迎和衷心感谢！

党的十八大以来，习近平总书记多次考察长江经济，分别在上游重庆、中游武汉、下游南京召开座谈会，强调长江经济带要成为我国生态优先、绿色发展的主战场，畅通国际国内双循环的主动脉，引领经济高质量发展的主力军。作为长江经济带核心城市的主流媒体，此次与高校智库联合举办长江经济带发展战略论坛，既是助力长江经济带高质量发展的政治责任，也是把新闻宣传工作融入党和国家事业大局的具体行动。长江日报因长江而得名，早在1949年武汉解放前夕，人民解放军还在南下的途中，伟大领袖毛主席就亲笔为我们题写了报名。多年来，长江日报始终坚持高举旗帜、服务导向、围绕中心服务大局、从群众中来到群众中去，面对百年未有的传播变局，长江日报坚持首业创新、融合发展，努力实现从一纸风行到向阳而生。目前的长江日报已不再是一张纸，全媒体矩阵受众达4390万；权威自媒体显示，长江日报是被全国互联网引用最多的30家媒体之一；在报纸融合传播百强榜上，长江日报列全国城市党报第二位。

与此同时，长江日报主动履行社会责任，坚持为长江代言，讲好长江故事，做好长江文章，在庆祝中国共产党成立100周年之际，组织8位记者前往长江流域20个城市进行乡村探访，推出大型主题报道"华彩长江 激越百年"，发起拯救江豚行动等一系列生态保护项目，获得长江沿线城市的积极响应。我们依托全国重点地方新闻网站"长江网"，发起成立长江沿岸城市新闻网协作体，不断增强对长江综合城市群和长江经济带的全媒体服务功能。"大江浪涌，百舸争流"，在这次论坛上，长江网将与长江经济带高质量发展智库联盟签署协议，相信双方会通过优势互补，进一步提升长江经济带发展战略论坛的影响力、品牌力，为长江经济带高质量发展贡献

更大的力量。

我们也将用好旗下"报、网、微、端、屏"传播矩阵，以多层次、多渠道、多样式的立体化宣传，一如既往地为长江经济带高质量发展服务，凝聚起最广泛的社会共识，谢谢大家！

主持人：

感谢陈书记的致辞！陈书记介绍了长江日报报业集团的办报理念和办报宗旨，表达了积极参与论坛宣传的热切愿望。相信未来我们一定可以共同把长江经济带发展这篇文章做好！

现在我们举行开幕式第六项，长江经济带高质量发展智库联盟与长江网签约仪式。请长江经济带高质量发展智库联盟秘书长、湖北经济学院长江经济带发展战略研究院执行院长秦尊文教授、长江日报报业集团长江网总编辑杨文平同志签订战略合作协议。

感谢秦秘书长和杨总编！也感谢所有领导、嘉宾的共同见证！长江经济带高质量发展智库联盟和长江网的此次战略合作，旨在借力新闻媒体资源助推长江经济带发展，为湖北省乃至整个长江经济带高质量发展创造良好舆论氛围。双方的战略合作是"产学研金服用媒"合作模式的一次探索，让我们共同期待此次合作能够积极推动科研成果的应用转化及商业化运作，更好地服务于政府决策咨询，切实提升广大市民的参与感。谢谢！

下面，我们举行开幕式第七项，长江经济带数据中心发布仪式。

长江经济带数据中心是由长江经济带高质量发展智库联盟发起，依托湖北经济学院财经高等研究院、长江经济带发展战略研究院，在深圳希施玛数据科技有限公司的技术支持下，共同打造的数据平台。

请各位嘉宾一起观看一段短片介绍。

……

好的，非常值得期待。在这里，我诚挚地邀请各位专家学者和科研机构与长江经济带数据中心洽谈合作，围绕长江经济带发展开展全方位、宽领域、跨学科的协同研究。让我们共同期待此数据平台能够孵化出更多成果，与各位专家学者一道做好长江经济带生态修复、环境保护和绿色发展三篇大文章。

下面，我们举行开幕式第八项，有请本次论坛承办方代表、著名经济学家、湖北经济学院财经高等研究院院长、长江经济带发展战略研究院院长田国强教授致辞。

田国强　著名经济学家

来武部长、恒山秘书长、贤波主任、陈光董事长，温书记、方校长，各位来宾，老师们、同学们：

大家上午好！感谢大家出席第四届长江经济带发展战略论坛。

今天正值习近平总书记主持召开全面推动长江经济带发展座谈会一周年之际，在这个特殊的时刻举办第四届长江经济带发展战略论坛，具有深刻的历史意义，在各位领导和专家的关心支持下，特别是在张来武部长、范恒山秘书长的大力支持下，长江经济带发展战略论坛自 2018 年起已连续成功举办三届，取得了广泛的社会关注和丰富的研究成果，论坛部分成果已通过相关途径转化为政策报告，为政府决策提供智力支持。2019 年 12 月第二届长江经济带发展战略论坛上，湖北经济学院牵头成立了长江经济带高质量发展智库联盟，目前已有包括高等院校、科研机构、社会智库在内的联盟成员单位 68 家。刚才，我们又共同见证了智库联盟与长江网签约以及长江经济带数据中心发布仪式，在这里我谨代表财经高等研究院、长江经济带发展战略研究院以及长江经济带高质量发展智库联盟，对各位领导、各位专家的支持帮助表示衷心的感谢！

财经高等研究院和长江经济带发展战略研究院在温兴生书记的大力倡导、支持下，自 2018 年成立至今已三年有余。自成立以来，研究院始终秉持"国际化、制度化、高水平的研究实体和高端智库"的发展定位，在高层次人才引进培育、高质量研究成果产出、高水平社会服务推进等方面开展了诸多切实有效的工作，取得了较为显著的成绩。借今天论坛召开的机会，我向各位嘉宾对过去三年多以来研究院的相关工作做一个简要的介绍。

一是高层次人才引进培育成效显著。研究院邀请到了科技部原副部长、中国软科学研究会理事长张来武教授担任联盟院长以及联盟发起人，国家发展改革委原副秘书长、著名经济学家范恒山担任联盟理事长，聘请海内外特聘教授 10 人，其中教育部"长江学者"3 人，"优青"获得者 1 人。研究院专任教师 20 人均为国内"双一流"学科高校和海外知名学府博士，并在三年内先后获批湖北省"楚天学者计划"楚天学子 3 人，"武汉黄鹤英才"1 人。

二是高质量研究成果持续产出成绩喜人。研究院教师先后获批国家自然科学基金项目 4 项，承接应急项目子课题 1 项，在湖北经济学院院系中名列前茅，获批国家社会科学基金一般项目 1 项，后期资助项目 1 项，重大项目子课题 1 项，以及教育部人文社会科学研究基金项目 6 项。获批其他厅局级以上科研项目 5 项。在国家课题资助率持续走低的背景下，这一成绩的取得尤显不易。研究院教师在高水平论文发表上同样成绩显著。在国际领域顶尖和权威期刊上发表论文 29 篇，其中 ESI 高被引论文 1 篇。包括《中国科学》《经济研究》《管理世界》在内的国内权威期刊上发表论文 30 篇。出版长江经济带高质量发展研究丛书、《长江经济带与中国经济发展》等学术专著 13 部。6 项成果获得省部级优秀成果奖。

三是高水平社会服务扎实推进。智库联盟在湖北省发展改革委长江带处设立了联络点，直接服务政府咨询决策工作，推动创办了《长江智库观察》内参，直送省委省政府以及省直相关部门。其中 1 份研究报告获国务院副总理刘鹤签批，13 篇研究咨询类报告获湖北省领导肯定性批示。与此同时，与包括长江证券、海银财富、广发银行南昌分行等企业签订战略合作协议，承担了包括湖北省政府智力成果采购项目在内的横向项目 12 项。与深圳希施玛数据科技有限公司建立了长期、稳定的产学研合作伙伴关系，共同建设了长江经济带数据中心。

三年来，在省委省政府及省发展改革委等相关部门领导的关心指导下，在温书记、董校长、方校长和学校各职能部门的全力支持下，研究院全体成员共同努力，从无到有，筚路蓝缕，成绩显著。10 月 16 日，湖北经济学院隆重召开了第四次党代会，温书记在会上提出了"勇于担当、从严从实、久久为功、善作善成"的"湖经奋斗精神"。我认为，这 16 个字正是三年来我们财经高等研究院和长江经济带发展战略联盟院工作开展最生动的写照。

今天，财经高等研究院和长江经济带高质量发展智库联盟以及长江经济带发展战略研究院又新增了长江网和长江经济带数据中心两大重要支持，力量得到了进一步壮大。未来，研究院和智库联盟将在各位领导的关心爱护下，在各位同仁的大力支持下，继续坚持"环球视野、高端引领、开放合作"的发展理念，紧扣"理论逻辑、实践真知、历史视野"三个维度，为湖北高质量发展和长江经济带建设国家发展战略提供坚实的智力支持，努力打造具有全国影响、湖北特色、湖经担当的国家级智库，助力学校早日建成特色鲜明的高水平、高层次的财经大学。

再次感谢参加本次论坛的各位领导和专家学者！预祝论坛取得圆满成功！谢谢大家！

主持人：

感谢田院长！刚才田院长回顾了研究院近三年来在人才引进培育、成果产出和社会服务等方面的工作开展情况。短短三年所取得的成绩令人欣喜，催人振奋。我相信，未来在田院长的带领下研究院将会取得更多令人期待的成绩。

各位嘉宾，湖北经济学院和长江经济带发展战略研究院的发展在过去、现在、将来都离不开在座各位领导、专家、同仁的支持与帮助。

实现我国经济高质量发展，是一项长期而又艰巨的任务。本次论坛以"加快建立生态产品价值实现机制"为主题，是落实中央精神，推动长江经济带高质量发展的具体体现，是深入学习习近平生态文明思想的高水平学术盛会，同时也是长江经济带高质量发展智库联盟组织的一次难得的学术交流。

论坛第二部分的主旨演讲即将开始，由著名经济学家、湖北经济学院特聘教授艾春荣教授主持。真诚希望各位专家、学者围绕"加快建立生态产品价值实现机制"相关的重大理论和现实问题各抒己见，积极为"十四五"时期湖北和长江经济带高质量发展献计献策。

期待大家的真知灼见！

开幕式到此结束。

六次产业与发展生态农业

张来武

（科技部原副部长、中国软科学研究会理事长）

高速工业化带来了明显的生态代价、环保代价、人与自然关系的代价，生态问题已经不容忽视。生态农业是最大的生态产品，能对人类的生命和健康起到基本的保障作用，大大改善人与自然的关系。

一、发展生态农业必须实行六次产业化

过去大家对农业的理解，主要是种植业、养殖业。现在我们对农业的理解应该是新农业，包括农业的六次产业化。在新农业下，农民是新型职业农民，农村是新农村，是信息化、数字化的农村、田园小镇。在这一过程中，生态环保是关键，甚至是核心，生态农业是未来农业发展的新模式。生态农业不仅要做第一产业，还要实现一二三产业融合，形成六次产业化。生态农业的发展需要新理论，即六次产业理论。除了传统的第一产业、第二产业、第三产业外，还需要第四产业（数据产业）、第五产业（文化创意产业，也叫智慧产业）和第六产业（共享产业）。

二、发展生态农业需要充分发挥科技特派员制度

除了理论创新外，生态农业的发展需要新的实施机制，其中科技特派员制度将是促进中国生态农业有效发展和创新的机制。习近平总书记对科技特派员制度推行20周年做出过重要批示，要求在乡村振兴中充分发挥科技特派员的重要作用，以解决城乡二元结构问题。

在六次产业化的实践过程中，有必要比较一下中国和日本。很多不了解六次产业理论的经济学家以为六次产业化来自日本，这是一个误解。中

国和日本的六次产业化有不同的发展路径和特色。

总体而言，对于农业的六次产业化，中国具有以下三个优势。（1）理论优势。中国学者率先系统提出六次产业理论。日本只有"1+2+3"的六产概念，没有六次产业：首先，日本没有第四产业（数据产业）的概念。其次，日本也没有第五产业（文化创意产业）的概念，没有第四和第五产业，自然没有第六产业。在中日交流中，日本专家也认同这一点，只有中国才有专门的研究机构、专门的研究、专门的理论。（2）数字化转型。中国是仅次于美国的第二大数字经济体，在六次产业化方面，日本的短板正是数字化转型。中国通过推动数字化转型，充分发展第四产业。（3）科技特派员制度。科技特派员制度最初发源于南平，在宁夏形成了"大众创业，万众创新"的科技特派员创业行动新模式。2016年，国务院出台了深入推行科技特派员制度的若干意见。同时，习近平总书记也一直在大力推动该制度。目前，全国的科技特派员已有百万之多，这是一支非常有活力的、将推动实现农业六次产业化的生力军。

同时，日本也有三个优势。（1）农业机械化。日本的工业化程度高，有利于推行精准农业，也有利于与数字化农业衔接。（2）农民组织化程度。日本的农民协会组织有很高的组织化水平，有利于在资本合作中保护农民的利益。（3）六次产业化的普及。在日本，几乎所有的农村都充分利用农民协会组织做了六次产业化普及工作。2008年，日本出台了六次产业化的相关法令。

立足中国国情，在数字化转型中发展生态农业，科技特派员制度是最有前途的。因此，在乡村振兴中，我们要把百万科技特派员的重要作用充分发挥起来，成为六次产业化的先锋部队。

三、生态农业发展的两大基石

要真正发展生态农业，实行农业六次产业化和科技创新驱动，需要两大基石。第一个基石是数据。数据是一个新的生产要素，要经营好数据，发展第四产业。第二个基石是生态社会资本，它来自第五产业的文化创意理念，以及第六产业的共享产业理念。

第一个基石——数据是六次产业化的优势所在，也是创新时代的一个亮点和转折点。在传统的三次产业中，生态往往是经营的成本，找不到附加值，没有实现良性循环的机制，生态环境恶化往往成为工业化发展模式的代价。在数字化转型中要将生态打造为资本，核心在于通过数据要素把生态代入具有高附加值的商业模式中。

国家统计局最新行业分类，已经提出数据是一个新的生产要素。传统经济学家还提出了以数据作为生产要素的理论。六次产业理论率先系统论证了数据作为新的生产要素能够带来新的生产模式。数据的经营有四个关键模块：一是"算力"；二是软件的快速迭代；三是数据的沉淀，也就是各种类型知识（明知识、默知识和暗知识）的沉淀；四是社会网络协同。没有这四个模块，数据就不能成为生产要素，也不能带来第四产业独特的商业模式发展。尽管互联网平台是这个产业发展的先导和基础，但是其真正发展的标志是数据成为新的生产要素。

第二个基石——生态社会资本的概念来自第五产业的范畴。第五产业的发展基于以下两点：一是科学前沿的创新。科学前沿的创新发现有时无须通过技术转化直接进入生产。二是文化创意的创新。在后工业化时代，人类的生活发生了变迁，人们的主流需求不只是物质和服务，还有来源于精神、梦想、情感的需求，如游戏产业、影视产业等。在这样一个新的需求模式下，生态起什么作用呢？生态可促进人与自然的良性关系，为人类健康服务，给文明社会带来一种心灵的触动。在这样的社会中，通过文化创意，生态逐渐形成生态社会资本。

随着生态社会资本的积累，我们才能发展第四、第五产业，才能发展共享农业，才能发展具有更高附加值的农业。随着农业六次产业化的发展，生态社会资本未来必然被资本市场所认可，也必然被未来的消费者所认可。

未来生态农业的发展除了能保障粮食安全外，还将产生一个最重要的商业模式，它来自"碳中和"。未来也许有很多地方不适合种粮食，但是适合做"碳吸收"的种植。通过将生物科技和数字科技结合起来，不仅能解决"碳吸收"问题，还能把"碳指标"的数字平台建立起来。通过数字化的生态农业，不仅能把"碳指标"测算出来，还能把"碳指标"做成交易产品和具有高附加值的产品，从而形成新的产业模式、商业模式。

"人类天才的最伟大发现，便是自然秩序结构和心灵结构之间完美的契合"，如果这一愿景在未来经济和产业模式中实现了，那么它就是未来的生态产业。

总之，生态产品的发展需要关注生态农业，生态农业的发展需要六次产业化，六次产业化则要注重数字化转型。在数字化转型中，生态产品不仅能满足人们的物质需求，还能满足人们的情感需求、精神需求；生态产业的六次产业化不仅要充分利用工业化时代的文明，更重要的是要在数字化时代，创造新的文明、新的产业模式。

秉持正确方向，
构建生态产品价值实现机制

范恒山

（国家发展改革委原副秘书长）

很高兴能够受邀参加第四届长江经济带发展战略论坛。今天会议的主题是加快建立生态产品价值实现机制，紧扣这个主题我谈一些认识。

"建立生态产品价值实现机制"是党的十九大提出的要求，2021 年 4 月，中共中央办公厅、国务院办公厅联合发布了《关于建立健全生态产品价值实现机制的意见》。这是一项具有开拓性质的探索，不仅具有很强的技术性，也具有很强的社会性和政策性，涉及领域广泛，触及关系复杂，在理论上需要不断深化，在实践中需要深入拓展，尤其是要秉持正确的方向与思路。对此，我主要谈三个观点。

第一，生态产品价值实现机制的构建，不仅要着眼于修复"小生态"，更要服务于形成"大生态"。

在过去的较长时间里，一些地方为了追求较快的经济增长，不惜竭泽而渔，肆意破坏生态环境，致使青山遭毁、绿水被污、资源乱采、"三高"（高耗能、高排放、高污染）遍地，资源环境承载能力大幅度下降，部分地区生产生活甚至难以为继，保护生态环境成为当务之急。党的十八大以前，中央提出了建设资源节约型和环境友好型"两型社会"的要求。严格地说，保护青山绿水、节约资源是一种直接着眼于自然环境保护的"小生态"建设。党的十八大以后，中央基于国内外形势和近远发展统筹谋划，在推行"两型社会"建设的基础上，提出了全面深化改革的思想和新发展理念。深化生态文明体制改革和实现绿色发展被提到了治国理政的核心位置，这是一种涉及发展方式转变、经济社会发展全面绿色转型的"大生态"建设。

"建立生态产品价值实现机制"看似涉及事项比较具体，与生态产品相关，直接与青山绿水相连，很容易在思想和操作上陷入只服务于或只适应于"小生态"修复保护的窠臼。其实，一方面，生态产品的内涵是丰富的，并不止于山水林田湖草这类自然绿色物态；另一方面，"小生态"与"大生态"是紧密相连的，没有"大生态"的形成，就无法真正实现"小生态"的修复，构建"大生态"的最终目的之一正是维护"小生态"。如果仅仅着眼于"小生态"，则无法形成"大生态"；反过来，最终也优化不了"小生态"。因此必须认识到，生态产品价值实现机制的构建，要重视自然生态的修复和山水环境的保护，更要立足于促进整个生态文明建设、绿色发展和生产生活方式的转变，也就是以保障和维护自然生态系统休养生息为基础，实现我国经济社会发展全面绿色转型，依此进行产品拓展、路径选择和政策设计。

第二，以绿色为基本标识，科学把握和积极拓展生态产品价值的实现形态。

绿色是各种生态产品价值形态的共同底色和核心标识。所谓推动经济社会发展全面绿色转型，实质上就是要使经济社会活动在促进生产力发展、满足人民日益增长的美好生活需要之基本功能的同时，逐渐并且最终全面体现绿色化、生态化的品质与价值，或者说要使各项经济社会活动及其成果以生态产品价值的形态存在，成为生态产品价值的载体。这就意味着，拓展生态产品价值的实现形态与推进经济社会发展绿色转型是同一个过程。基于此，我们应科学把握生态产品价值的表现或实现形态，并采取有力措施积极推进这一过程。

一体把握自然原体和经济社会活动绿色展现等多种状态，我以为可以把生态产品价值的实现或承载形态大体划分为四种类型。

一是原生态产品价值。这是由山水林田湖草等的自然绿色和清纯呈现的价值状态，能够提供清洁水源、优良空气，促进水土涵养和生物多样性发展、维护生态系统平衡等。一般地说，自然生态越好，自然资本越丰厚，生态产品价值也就越高。

二是衍生态产品价值。这是以山水林田湖草为直接材料和条件形成的价值状态，如山中的蘑菇、水中的游鱼、园中的花朵等，以及在修复整理基础上形成的矿山公园、工业遗址公园、特色古旧村落等。

三是融生态产品价值。这是以自然生态环境为基础，与相关生产生活融合形成的价值状态，如生态旅游、园林养生、休闲娱乐、自然康养等。

四是转生态产品价值。这是运用科技创新等手段去污、减排、节能形成的生态型产业价值状态，包括绿色制造业、生态农业等众多方面。

对生态产品价值实现或存在形态进行科学把握，既有利于系统全面推进绿色发展，不断拓展生态产品价值的实现形态，又有利于分类施策、科学有效地治理不同地区、不同领域存在的生态环境问题。

第三，分类施策，最大限度地发挥生态产品价值实现机制的促进作用。

从不同生态产品价值实现路径的差异化和多样性特点出发，应当充分发挥有效市场和有为政府两个轮子的驱动作用，因情制宜、分类施策。这有利于增强针对性和精准性，从而能把各类生态产品价值全面激发与拓展出来，既能更为有效地治理和服务山水林田湖草等自然环境，也能推进产业生态化和生态产业化，推动经济社会全面实现绿色发展，广泛形成节约资源和保护环境的产业结构、生产方式、生活方式、空间结构，建立起完善、优质的生态文明体系。

具体来说，对于前述四种类型的生态产品价值，可以采取以下政策与制度举措。

对于原生态产品价值，应以保护和提升为导向进行拓展。其一，把环境质量提升、生态保护成效和特殊生态产品供给能力作为发展绩效考核的第一标准，同时把环境损害状况作为否决相关人员升迁的根本性指标。其二，建立与环境质量提升状况等重要指标正相关的纵向财政转移支付制度，其中的一部分可以与相关人员收入增长紧密关联。其三，建立特殊生态产品供给一定幅度增长状态下的产区对销区供给价格适度上浮机制。其四，支持流域间、区域间开展以适宜生态产品为样本的横向生态补偿探索。

对于衍生态产品价值，应以引导和襄助为导向进行拓展。其一，通过实施特种补助、建立特别基金、促进专项信贷、采取定向税收减免等多种手段，大力发展与保护生态相匹配的多层经济。其二，支持推进交通、能源、数字经济等新老基础设施和电商平台、物流中心等交易载体的建设，为生态产品开发交易提供便利条件。

对于融生态产品价值，应以促进和带动为导向进行拓展。其一，强化城乡联动，推动城市企业进入适宜地区从事生态产品价值的经营开发。其二，选择适宜地区打造推进生态产业和其他产业有机融合的示范基地。其三，赋予融合性生态产业"创新"特质，并给予适当的政策支持。

对于转生态产品价值，应以倒逼和加持为导向进行拓展。其一，以实现碳达峰、碳中和目标为契机，从准入关口着手，进一步遏制"三高"项目的盲目发展，重点区域应严禁新增钢铁、焦化、水泥熟料、平板玻璃、电解铝、氧化铝、煤化工产能，同时强化科技创新，促进原有"三高"企业产业转型发展或减量置换。其二，大力发展绿色低碳产业。其三，强化制度约束，建立严格的推进产业绿色发展的责任机制。其四，在严格认证的基础上，建立绿色产业和生态产品的价格上浮机制。其五，加快推进排污权、用能权和碳排放权等的市场化交易。其六，建立全方位的绿色政策支持体系。

需要强调的是，长江经济带地域广阔、地理环境复杂，发展基础参差不齐，生态地位又十分特殊，多年来造成的环境问题积重较深。长江经济带发展的根本指导思想是"共抓大保护、不搞大开发"。中央要求积极推进长江经济带成为我国生态优先、绿色发展的主战场，并采取了一系列制度性措施，包括在长江经济带开展污染赔偿机制试点等。实现长江经济带高质量发展，有必要大力开展建立健全生态产品价值实现机制的探索，并力求为全国做出表率与示范。我们应当为此尽心竭力，力求做好相关工作。

这就是我结合会议主题所阐述的一些看法，很多观点不一定成熟或准确，请各位专家批评指正。

长江经济带生态产品价值实现：
方位、困境与案例

刘耀彬

（南昌大学党委常委、副校长、教授）

我报告的题目是《长江经济带生态产品价值实现：方位、困境与案例》。主要内容包括三个方面：一是长江流域总面积达 180 万平方公里，又分为上游、中游、下游，从地块角度来看，要怎样分类推进？这涉及模式问题，这个模式是什么？二是从时间的维度来看，从资源节约型、环境友好型"两型社会"构建到"五位一体"，再到今天倡导的"生态产品价值"，应以怎样的方式实现生态产品价值？三是从要素的维度来看，怎样将数字经济和制度变革落实到生态产品价值的维度中。

我首先介绍生态产品价值实现机制的提出背景和历史方位，然后着眼于突出问题和解决方式，最后展示两个案例。

第一，整体来看，长江经济带毫无疑问是绿色发展的主战场，这也是我们的使命。要推动长江经济带这么大范围的发展，实现"五新三主"新使命，必须将生态产品价值实现机制植入生态文明发展的历史方位中。绿色发展就是生态产品价值实现过程，要将其置于整个人类文明发展过程中，不能用工业时代的变革要求形成生态文明时代的发展方式。而从生态转化来看，生态产品转化就是绿色转化，是绿色发展的途径，体现了生态产品和绿色发展的关系问题。生态产品价值的转化和实现，是生态文明建设的结构式体现，也就是"绿水青山就是金山银山"，既要经济发展又要环境保护。所以，要实现生态产品价值，就要改变以前的工业时代的思维，把生态产品价值实现置于生态文明发展的历史方位中，乃至整个人类文明发展过程中。

在技术变革和产业变革的驱动下，生态产品价值的实现不仅要求维持区域安全，还要实现人居环境改善，培育经济发展新动能，提高生态治理积极性。生态产品价值的实现，也要放在整个经济发展转变的过程中，在什么情况下进行生态产品价值实践，要考虑技术性、可行性和可操作性等问题。以"两山"理论实现生态产品价值的做法还为全球提供了"中国方案"。

第二，生态产品价值的实现存在"四难"问题，即度量难、交易难、抵押难、变现难。度量难的核心就是生态产品的认知问题，实际上是数字生态和生态数字，也就是第四和第五产业的问题。交易难的核心是技术问题，也就是市场机制问题。变现难的核心是制度问题。抵押难涉及落地问题。

第三，展示两个案例。第一个是武宁模式，涉及怎么支持根据生态产品转化过来的金融产品的问题。武宁是江西省的一个优美的城市，位于修河中游，是全国首批、江西唯一的全国生态保护与建设典型示范区。结合它的特征，武宁建立了一套具备生态产品信息管理、交易、监管和评估等功能的综合平台系统——生态产品储蓄银行，把调节服务类产品、物质类产品、文化服务类产品分别进行试点，从而以"两山转化"的共享机制建立了生态产品的认定办法，建立了评估平台，而且把流转权和抵押权通过金融化方式进行市场化，实现了由产权改革第一村到生态金融第一行的转变。同时，我们还创新了交易体系，重视资源监管。

第二个是金溪模式，涉及怎样通过机制制度变革实现生态产品转化的问题。金溪是古村落、古建筑，是中国历史文化名城、中国传统村落，它用什么样的方式进行生态产品价值实现呢？通过"政府主导、创新金融支持、推进市场化运作"的方式，打通生态产品"资源—资产—资本—资金"的通道。政府要做有为政府，创新使用权流转方式，搭建古村落的生态交易平台。金融方面，以古建筑经营权为抵押，创新推出"古村落金融贷"信贷产品，再通过企业+专家+智库"三驾马车"，保障市场化运作，按照"一村一主题，一村一特色，一村一产业"深度开发，针对竹桥村、大坊村、落桥村分别进行市场化运作，形成了独特的金溪模式。

总体而言，我的报告第一部分是关于问题的思考，第二部分分析"四难"问题，最后用两个案例回答了之前所提出的问题。谢谢大家。

绿色金融发展与生态产品价值的实现

陈诗一

（安徽大学党委副书记、常务副校长、教授）

感谢艾老师的介绍，十分高兴能来参加第四届长江经济带发展战略论坛。本次论坛的主题是加快建立生态产品价值实现机制，我主要从绿色金融发展的视角来阐述它对生态产品价值实现、满足碳中和投资需求，以及经济高质量发展的重要性。目前，中国经济已经从高速增长阶段转向高质量发展阶段。党的十九大以来，中国总体布局"五位一体"建设，把生态文明建设贯穿于经济建设甚至文化建设、社会建设中，强调的是新发展理念，其中绿色发展是高质量发展的一个重要组成部分。

2020年9月22日，习近平主席提出碳中和战略。碳中和战略是绿色发展、经济现代化建设的重要维度，"双碳"计划也好，绿色发展也好，都与我国的经济转型、高质量发展以及经济现代化建设具有共同的目标。要实现碳中和目标，需要巨量投资，达百万亿元，特别是传统高碳行业的低碳技术升级、清洁能源技术的发展、煤炭清洁化等都需要巨量投资，仅靠政府资金是远远不够的，这就需要依靠绿色金融来获得，这也是实现"双碳"目标的重要资金来源。

绿色金融能够为绿色发展、"双碳"目标的实现提供资金来源，对很多生态资源丰富的地区来讲，就是助力实现生态产品价值，绿色金融也是实现生态产品价值的一个重要保障。其实关于生态产品价值实现机制，习近平总书记提出了"两山"理念，即"绿水青山就是金山银山"，而且在深入推动长江经济带发展座谈会上提出选择具备条件的地区开展生态产品价值实现机制试点，目前已在很多地方开展了试点，如贵州、浙江、青海。例如，浙江丽水是生态产品价值机制实现的典型城市，通过生态贷，把丰富的生态资源产品进行加工，再通过电商实行一二三产业融合，从而实现生态产品价值。"十四五"规划也对生态产品价值机制实现的渠道提出了要求，为充分呼吁绿色发展、碳中和提供支撑。

长江经济带在经济快速增长时期，也发生过度开发、环境污染、废水排放等问题，长江流域的废水排放量一度占到全国的40%以上，因此对长江经济带进行生态保护、绿色化刻不容缓。2018年4月，习近平总书记在深入推动长江经济带发展座谈会上提出要坚持生态优先、绿色发展、"两山转化"。这就是生态产品价值，对长江经济带特别是中上游生态产品丰富的地区都通用。湖北省武汉市出台了一系列文件，提出加强绿色金融的导向作用，打造绿色金融多层次、多元化的发展体系，涉及绿色信贷、绿色环保、绿色保险、碳排放教育等内容。湖北武汉也是碳排放权交易市场的试点城市，2011年以来，在碳中和的背景下，湖北武汉参与了碳排放权交易市场的建设，因此，碳金融也是湖北绿色金融发展的一项主要内容。

从这个角度来讲，无论是全国绿色发展、生态文明建设，还是长江经济带绿色发展、生态优先，都应该推动实现生态产品价值。生态资源一直都在，但是它不会主动变现，这就需要绿色金融来促进价值转化。一般来说，绿色金融是指通过政府的政策制定，引导资金流向未来的绿色产业、低碳产业、生态产品，同时要有金融机构、投资机构、投资者、企业的积极参与，也就是说，遵循生态文明理念、绿色发展理念，通过由上而下的政策引领和自下而上的市场积极参与，一起把资金配置到未来的低碳、零碳、绿色产业上，这就涉及资金配置问题。

在提出了生态文明战略之后，就有了绿色发展新发展理念，对于绿色金融发展现状，这里做一下简单介绍。绿色金融发展必须要有政策的引导，仅仅依靠市场是不行的，2016年，人民银行等七部委联合印发了《关于构建绿色金融体系的指导意见》，这是一个很重要的文件，后来又有一系列关于绿色金融的文件相继出台，如《关于促进应对气候变化投融资的指导意见》《绿色债券支持项目目录》等，政府的积极引领对绿色金融的发展以及推动资金助力生态产品而言十分重要。

我国的绿色金融实践十分活跃，在一些地方实践已经超过了理论研究，比如衢州、湖州已经成为绿色金融改革创新试验区。2017年，国务院审定第一批五省八地绿色金融改革创新试验区；2019年，兰州也加入其中；2022年深圳出台了我国首部绿色金融法律法规。总体来说，绿色金融在我国发展很快。2020年底，我国绿色信贷余额达到2万亿美元，居世界第一，占中国整个信贷规模的12%。2020年7月，财政部、生态环保部、上海市共同发起设立了国家绿色发展基金股份有限公司，由财政部、长江经济带11个省市、部分金融机构和相关行业企业共同出资，主要投资于环境保护和污染防治、生态修复和国土空间绿化、能源资源节约利用、绿色交通、清洁能源等绿色发展领域。

再聚焦长三角，长三角用 4% 的国土面积产出了 25% 的 GDP，基于长三角的研究，可能会对长江经济带绿色金融发展有一定的启迪。因为长江经济带与之相似，以 20% 左右的国土面积，支撑起全国超 45% 的经济总量，涵养着超过四成的人口。长三角的上海、江苏、浙江、安徽其实都是长江经济带下游主要地域，我们研究长三角的绿色发展，将来可以往长江经济带进一步拓展和研究。总体来讲，浙江的绿色金融发展得相对较好，毕竟浙江是"两山理论"的发源地，也是生态资源丰富的地区，浙江在"两山理论"的转化及绿色金融发展方面处于领先地位，可以为其他地方特别是长江中上游地区发展绿色金融提供很好的借鉴。江苏的绿色金融发展得很快，但南北不平衡。安徽省也是生态资源丰富的地区，皖南地区生态发展十分优良。上海在绿色金融发展方面也一直处于领先地位，出台了多个文件，努力打造国家级绿色金融改革创新试验区、联通国内国际双循环的绿色金融枢纽和国际碳金融中心，同时上海也是全国碳市场、碳金融发展的一个重要地方，全国碳排放权交易系统就在上海。

最后，我想提出一些基本的建议。生态产品价值实现或者绿色金融助力生态产品价值的实现，要有一个好的顶层设计，而且这一顶层设计要与国家其他的战略规划有很好的融合。能源利用效率的提高、能源技术的转化、新能源的发展、传统高碳行业的改造升级，这些都离不开资金，需要绿色金融的助推。当然，还要建设一些基础设施，如生态数据库、碳信息披露制度等，这些也很重要，没有生态环境信息的透明化，生态产品价值机制就很难实现，而且要核算每个地方的生态产品价值总量，这也是我们未来要做的基础工作。另外，长江经济带上游、中游、下游之间也需要协调区域发展战略，设计生态补偿机制，制定统一的标准，建立统一的市场。最终所有这些工作的实现，当然要借助于科技金融的力量，从而使生态产品价值机制的核算以及资金的配置更有针对性、更透明，让投资者、金融机构、相关企业都能有的放矢。我就分享到这里，谢谢大家。

"五域五治" 与生态大保护

文传浩

（云南大学经济学院教授）

一、上游流域：新阶段

实施生态大保护是长江上游贯彻"共抓大保护、不搞大开发"的必然选择，是守住发展底线和生态红线的总基调与大前提，是事关长江流域高质量发展的全局性、根本性和战略性问题。基于新空间格局"三生空间"推进长江上游生态大保护需要政域自治、流域同治、山域整治、跨域联治、全域共治的"五域五治"生态大保护新理念。

二、生态保护：新理念

一是政域自治。在新发展阶段，应在以绿色发展为核心的思想指导下，通过各个行政区域的自我治理、自我管控，推进长江上游生态大保护。

二是流域同治。长江上游地区水系发达，形成了碎片化、隔离化的行政区域，单靠某一个行政区域对同一条河流进行治理无法完成流域生态大保护的任务。流域同治就是河流经过的各个行政区域共同治理，以水为纽带，连接上下游、供给左右岸、融通干支流，做好源头治理。

三是山域整治。长江上游地区本身就是一个立体的生态系统，除了流域外还有大量的山域，如秦巴山区、武陵山区、乌蒙山区等多种复杂的山域生态系统，对于这些区域我们在长江经济带共抓大保护框架下做得还相当不足，比如祁连山和秦巴山区"别墅事件"，说明长江上游地区在山域生态治理方面存在着不足。山域整治就是通过山域生态系统整体化治理，统筹山上山下，全方位推进长江上游山域整体生态修复、生态保护和生态发展事业。

四是跨域联治。在一体化发展框架下，长三角的绿色发展进行得有声有色，与之相比，长江上游地区的一体化程度明显不高。长江流域包括11个省市，因为通江达海，其实还包括青海、甘肃、西藏部分地区，需要跨省、市、县、镇的联治，通过生态共建、环境共治、信息共享、机制共商、应急协同，搭建起"组织共建、痛点共治、资源共享"的跨区域生态大保护联合治理新格局。

五是全域共治。以山水林田湖草为载体，构建人与自然和谐共生的全流域生态系统。全流域生态系统的整体性与跨界性，决定了全流域治理需要中央、省、市、县、乡政府实现纵向协同，同一层面的各部门间实现横向联动，政府、企业、公众等多元利益主体共同参与，从而达成全域共治共识，形成合力，共享成果。

三、空间探索：新格局

借助"三生空间"分析视角，将长江上游生态大保护解构到三个空间维度，包括生态空间的共治机制、生产空间的共建机制、生活空间的共享机制。三者相互独立，又相互关联，具有共生融合、制约效应。

第一，共治生态空间。目前，长江上游地区的生态空间还存在一些不足的地方。长江上游地区是以行政区域治理为核心特征，甚至还存在着政府使命偏离的现象。比如在主体功能区的格局下，长江上游地区的相关区县功能和定位依然处在以经济发展为核心的状态，未来长江上游生态空间的治理还存在较大困难。

第二，共建生产空间。在"1+4+N"的框架下，推动和带动长江上游四省区的生产空间进一步集聚，进一步生态化。推进长江上游地区的飞地园区，尤其是打破省与省之间、省与直辖市之间的相互掣肘，形成一个飞地园区。目前要思考的是能否在双城经济圈的带动下，形成云贵川渝的飞地园区，在更大空间范围内推动长江上游生态大保护，其中包括农业空间的生态化以及三产服务业的一体化。

第三，共享生活空间。通过区域内部、外部的共享，把长江上游打造成长江流域东中部地区共享的生活空间。更重要的是通过长江上游的"一居一业一产"，推动长江上游地区未来在双循环格局下形成以消费为主的局面，尤其是在大生态产业、大健康产业、大数据产业的框架下，使长江上游地区成为核心及主要承载区域，最终成为新时代、新消费业态下东中部地区共享的生活空间。

四、创新发展：高质量

一是从政域角度出发，我国一直都在推动行政区域以及流域治理，包括长江经济带和黄河流域治理。行政区域的自我治理、自我管控是中国特色生态文明建设最有效的手段，也是中国在生态文明建设中非常明显的制度优势。虽然行政区域的自我治理有它的局限性，但是从现阶段来说，它依然是我国生态文明和生态空间管控和治理非常有效的一个手段。

二是从流域角度出发，未来不仅要进一步推进长江上游、中游、下游沿江的治理，更要重视长江上游的干支流和主流，它们在未来是重点，尤其是长江上游的支流，以及支流中的支流、小支流，都需要进入治理的深水区。长江上游的左右岸一般是省与省或者地级市的交界，形成了治理割裂的局面，这也是未来重点治理的地方。

三是从山域角度出发，如果说青藏高原是亚洲水塔，那么中国的水塔就是秦巴山区。山域是长江上游、中游、下游治理最大的区域。目前的山域生态系统治理还没有进入"深水区"，还处在以县域为中心相互割裂发展的管控过程。目前国家推进治理的武陵山区和乌蒙山区是连片贫困区、革命老区、生态脆弱区，多种局面混合，山域生态系统的整体化治理，应该引起重视并重点推进。目前在推进秦巴山区生态建设研究方面取得了很大的成果，乌蒙山区以及青藏高原的三江源还需要进一步加强。

四是从跨域角度出发，未来要通过生态协同、数字协同、产业协同、文化协同、机制协同，推动形成整个长江上游省与省之间、市与市之间、地与地之间、山域生态系统之间、流域生态系统之间联防联治的局面。

五是从全域角度出发，在政域、流域、山域、跨域的共同作用下，形成全域共治的局面：应该逐步形成长江上游四省区的共建共治，长江上游源头的共建共治，长江上游和西南地区包括广西的共建共治，长江上游和青藏高原的共建共治，长江上游和南亚、东南亚生物多样性保护的共建共治。

双循环背景下的长江经济带区域合作

张学良

（上海财经大学长三角与长江经济带发展研究院执行院长）

构建以国内大循环为主体、国内国际双循环相互促进的新发展格局，更加需要进一步加强对内开放和区域合作。

加强区域协作是长江经济带"共抓大保护、不搞大开发"、实现高质量发展的重要抓手。当前，要加强长江经济带上海、武汉、成都、重庆等中心城市的区域合作，立足中心城市建设都市圈与城市群，以点带线，连线成面，面动成体，推动长江经济带的共同协作，从发展的角度实现环境保护和生态保护。

上海、武汉这样的中心城市，需要下好区域协作的"先手棋"与"一盘棋"，在战略上加强顶层设计，在空间上依托重点突破，在方向上统筹全面推进，在机制上推动合作共赢。同时，科学运用大数据，就区域合作进行动态评估。

长江经济带绿色发展的分析与思考

罗黎平

（湖南省社会科学院区域经济与绿色发展研究所所长、研究员）

尊敬的艾老师，各位领导，各位老师，各位同学：

今天我报告的题目是《长江经济带绿色发展的分析与思考》，主要是把我们团队最近做的工作和思考，跟各位做一个简单汇报。

主要内容包括三个方面。一是长江经济带绿色发展的评价分析。二是长江经济带碳排放测算和预测。三是结合研究工作和时代背景，就长江经济带绿色发展提出几个理论的问题，跟大家做一个交流。

一、长江经济带绿色发展的评价分析

我们团队于 2016 年启动了《长江经济带绿色发展报告》的研究和撰写工作，截至目前发表了两个报告，一个是 2017 年报告，另一个是 2019 年报告，2021 年报告将于 12 月发布。工作核心是建立评价指标体系，主要考虑以下四个方面：一是反映广义范畴的绿色发展。绿色是核心，但还涉及创新、协调、开放、共享等新发展理念，整个指标体系包含绿色增长度、绿色承载力、绿色保障力三个一级指标，其中，绿色增长度包含结构优化、创新驱动、开放协调方面的指标；绿色承载力包含两个维度，即水资源利用和水生态治理；绿色保障力包含绿色投入、绿色生活两个维度。二是体现长江特色。我们以水资源、水环境、水生态保护和修复作为界定长江经济带生态环境明显和全面改善的主要标识。三是考虑区域发展的不均衡性。长江经济带从西到东涉及 11 个省市，发展不均衡，指标的遴选和设计以人均指标、相对指标和结构性指标为主，总量指标、绝对性指标、增速类指标用得比较少。四是注重指标的稳定性和可操作性。

2021 年的测算结果显示，2013—2019 年，长江经济带绿色发展稳步推进，进展比较明显。我们将长江经济带 11 个省市划分为东部、中部、西部三大区域，东部是上海、江苏、浙江，中部是安徽、江西、湖北、湖南，西部是重庆、四川、贵州、云南。从时间来看，东部的发展水平领先，西部次之，中部暂时排在最后。绿色增长度方面，东部领先，中部次之，西部排在最后。绿色承载力方面，2017 年报告显示，东部领先于西部，并领先于中部，而 2021 年报告显示，从 2018 年开始，西部已经反超东部。分析其原因发现，在水资源利用维度，东部依然领先于西部，但在水生态治理维度，西部反超了东部，最近几年西部在水生态治理方面进展比较明显。绿色保障力方面，西部一直排在第一，中部也有了明显提升。

二、长江经济带碳排放测算与预测

2017 年报告发布后，我们团队利用斯德哥尔摩环境研究所开发的 LEAP 模型又做了碳排放测算和预测。长江经济带绿色发展评价两年做一次，长江经济带碳排放测算则是五年做一次，下一次将在 2022 年以 2020 年为基点做。测算发现，2015 年长江经济带 11 个省市的碳排放总量是 41.61 吨，其中，终端能源消费碳排放量为 18.66 亿吨，占 44.85%；能源加工转换碳排放量为 13.87 亿吨，占 33.34%；工业过程碳排放量为 9.08 亿吨，占 21.81%。从长江经济带的东部、中部、西部三大区域来看，东部的碳排放强度是最低的，不到 1.2 吨 CO_2/万元，中部是 1.5 吨 CO_2/万元，西部是 1.52 吨 CO_2/万元，在总量方面，东部的碳排放总量在整个长江经济带中占的比重是最大的，达到 40% 左右，中部是 35%，西部是 25% 左右。

我们也对 2025 年、2035 年两个时间节点，分别以基准情形、高调整低增长情形以及低调整高增长情形做了一个预测，所谓"高调整"是指碳减排努力程度较高。预测结果显示，到 2030 年，长江经济带可基本实现碳达峰，届时长江经济带的碳排放强度为 0.73 吨 CO_2/万元，相比 2015 年下降 46.83%。比较理想的情况下，即高调整低增长情形下，到"十四五"时期末，长江经济带完全可以实现碳达峰。

从各大区域碳排放的情况看，2015 年，东部的碳排放总量占到整个长江经济带的 40% 左右，而到 2030 年，中部将取代东部成为碳排放量最大的区域，接近 38%，东部则降至 35% 左右，未来东部主要面临能源加工转换碳排放控制问题，其次是终端能源消费碳排放控制问题，中部、西部主要面临终端能源消费碳排放控制问题，其次是工业过程碳排放控制问题。

从碳排放部门看，2015—2030 年，长江经济带碳排放控制的关键部门主要涉及终端能源消费碳排放的工业、第三产业，能源加工转换碳排放的火力发电，工业过程碳排放的水泥、钢铁生产，这5个部门占到各区域碳排放总量的86%~90%。

从碳排放的能源结构看，化石能源2015年占到碳排放总量的75%以上，到2030年则占到70%左右。

三、就长江经济带绿色发展提出几个理论问题

第一，长江经济带绿色发展的东部、中部、西部区域协调发展问题比较重要，有待进一步研究。长江经济带发展战略设立的初衷是共抓大保护，另外还要通过长江黄金水道，联动东部、中部、西部，促进区域协调发展。目前在绿色发展方面，东部领先于中部，并领先于西部，而且差距比较大，因此，如何在绿色发展中实现区域协调发展，同时利用区域协调发展促进长江经济带整体绿色发展水平提升，是一个值得进一步深入研究的问题。

第二，长江经济带绿色发展与数字化协同转型问题。目前数字化、绿色化深刻地改变了人类社会，逐渐成为推动人类社会发展的核心动力。对绿色发展的关键主体企业来说，绿色化、数字化是趋势，也是构建未来竞争优势的关键路径。但是，对于目前的企业而言，无论是绿色化还是数字化都要付出巨大的成本。在经济下行压力下，如何选择数字化、绿色化融合发展的合适途径，助推长江经济带实现数字化与绿色化协同转型，是一个重要的问题。

第三，长江经济带绿色发展促进共同富裕的实现路径问题。全面小康实现以后，共同富裕成为时代的主题，共同富裕将贯穿全面建设现代化强国的全过程。绿水青山就是金山银山，说明绿色发展既是目的，也是实现共同富裕的手段。在共同富裕这一时代大背景下，我们要研究绿色发展促进共同富裕的内在机理和实现路径。

以上是我的简单汇报，不当之处，请各位老师批评指正，谢谢大家。

第四届长江经济带发展战略论坛实录

时　间：2021 年 11 月 14 日下午

地　点：线上会议平台：腾讯会议

　　　　线下观众会场：湖北经济学院 5 号教学楼 2 号报告厅

主持人：秦尊文　长江经济带高质量发展智库联盟秘书长、

　　　　湖北经济学院长江经济带发展战略研究院执行院长

生态产品价值实现的模式与路径

宋德勇

（华中科技大学经济学院副院长、教授）

谢谢秦院长，非常高兴参加第四届长江经济带发展战略论坛，我演讲的题目是《生态产品价值实现的模式与路径》。

习近平总书记对生态产品价值实现的机制与路径有过多次指示，如"要加快建立生态产品价值实现机制，让保护修复生态环境获得合理回报，让破坏生态环境付出相应代价""推进生态产业化和产业生态化"等，这为我们分析和研讨生态产品价值实现的路径给予了明确指导。下面我主要跟大家探讨以下几个问题，请大家批评指正。

第一，生态产品的六种特性。生态产品是良好的自然生态系统以可持续的方式直接或间接满足人类生产、生活需求的物质产品和服务产品的总称。包括生态物质产品、生态服务产品、生态文化产品，同时也包括生态调适产品，特别是涵养水源、防风固沙、保持水土等生态调节服务。生态产品可分为两大类：一是可交易的生态产品，包括生态物质产品、生态服务产品等可进行直接交易的产品；二是不可交易的生态产品，即具有纯公共物品特征的生态产品，具有非排他性和非竞争性，如生态调节服务，其消费若没有排他性和竞争性，容易导致产品供给不足，这也是现期生态产品价值实现的一个难点。

生态产品具有以下六个特征。

（1）产品对象的脆弱性。生态产品以自然生态环境为对象，以自然资源为载体，其产品的生产、加工、消费都离不开自然环境。但自然环境往往是非常脆弱的，必须系统地保护和修复。

（2）产品性质的公共性。大多数生态产品都具有公共资源的特性，具有非排他性，容易导致供给不足，出现过度消费等现象，难以确保有效供给，也就是《关于建立健全生态产品价值实现机制的意见》中提到的生态产品"难度量、难抵押、难交易、难变现"，也与其公共性有关。

（3）产品成本的巨量性。生态产品的维护成本非常高，初始投入非常大，周期非常长。

（4）价值形成的多样性。生态产品不像工业产品一样是标准化的，它具有多样性，非标准化，不可复制。

（5）价值量化的复杂性。其价值实现基于对生态产品进行明晰产权、确权登记，产品价值要由第三方认证。

（6）产品空间的稳定性。生态产品的地域性特征较强，在一定的空间发挥功能，很难分割和转移。

从价值链、产业链来看生态产品的独特性，它全过程都要进行生态维护、生态改善。一般产品的产业链包括研发、制造和营销，而生态产品在产业链的前端和后端均具有独特性，特别是在前端需要生态修复、环境整治和大量投入，要明晰产权、确权登记并进行第三方核算。在此过程中，具有公共性的生态产品需要多元参与、要素聚合、制度先行，这是一般产品所不具有的。在加工环节，生态产品具有产业多维、生产复杂、非标准化、空间固定的特性。在销售环节，生态产品的需求弹性较大，市场竞争激烈，品牌推介较难。同时，生态产品是公共资源，具有外部性。另外，生态产品价值的实现除了生态产业、生态修复本身以外，还需要其他产业的叠加，首先需要生态修复、维护和保养，然后需要与生态农业、生态工业、生态旅游业叠加起来才能实现它的价值，这是生态产品的特性。

第二，生态产品价值实现的六种模式。自然资源部公布了两批共21个生态产品价值实现的案例，我们从中挑选出典型案例进行分析和总结。第一个案例是浙江丽水的服务溢价模式，即创建生态服务从而促进生态溢价，这也是地级市的生态产品价值实现模式。该模式包括以下几个方面：（1）量化"绿水青山"价值体系，将河道管理权、经营权分段承包给农户，以承包的模式推动河道环境治理和经营增收"双丰收"；（2）通过环境改善实现生态溢价效应，加强封山育林、水源涵养，水源增加从而促进发电量增长，吸引上市公司收购当地企业，提高经济效益；（3）生态运营从而促进农民脱贫致富，形成生态农业；（4）全域旅游助推旅游产业强势增长；（5）形成"丽水山耕"品牌，实现农业蝶变；（6）农村电商模式示范引领全国农村电商发展。

第二个案例是河南淅川的产业助推模式。淅川是南水北调中线工程核心水源区和渠首所在地，也是国家重点生态功能区、国家级贫困县，是地理位置特殊的县。该模式包括以下几个方面：（1）夯实生态产品生产基础，对山水林田湖草进行系统治理以维护生态系统的稳定性；（2）构建生态产业体系，包括生态农业，如对石榴、樱桃等生态林果的加工，推进绿色工业，关停环境污染产业，推进绿色工业发展，全面发展生态旅游，构建"水旅+文旅+农旅+林旅+培训基地"的全区域、全要素、全链条旅游产业；（3）培育生态产品区域公用品牌"浙有山川"，利用电商进行品牌推广；（4）彰显优质水生态产品的价值，发展矿泉水、食品饮料等水产业，打造一系列饮料品牌。

第三个案例是浙江梁弄镇的聚合要素模式，即聚合要素保障溢价生态优势。该模式包括以下几个方面：（1）优化生态空间与产业空间的布局；（2）加强自然生态系统的恢复和保护，包括村庄的迁并集中、"低小散乱污"企业的腾退、土地的修复以及湿地的生态修复；（3）聚合各类要素保障生态产业发展，聚合资金、政策和土地；（4）腾退空间发展生态产业，把土地腾退出来后发展旅游和康养生态产业，形成"生态+产业"的发展模式，把生态优势转化为经济优势。

第四个案例是江苏徐州潘安湖的生态修复模式，即聚力生态修复带动产业转型。该模式包括以下几个方面：（1）"四位一体"修复模式，把潘安湖的塌陷区建成国家湿地公园；（2）推进国土综合整治，通过水土污染控制、地灾防治、生物多样性保护、生态旅游建设等一系列措施，系统治理塌陷区受损的自然生态系统；（3）打造生态居住区，围绕湿地公园引入专业化管理和经营团队，打造融旅游、养老、科教、居住为一体的新型城镇化生态居住区；（4）产业转型发展，从过去的煤炭开采、水泥粉磨等资源密集型产业，转型升级为生态旅游、创意文化、教育科技等现代新兴产业。

第五个案例是云南玉溪抚仙湖的铁腕治理模式。该模式包括以下几个方面：（1）"人退湖进"建设城市"后花园"；（2）推进五大工程进行生态修复，启动了修山扩林、调田节水、治湖保水、控污治河、生境修复五大工程；（3）拓展生态旅游，同时流转土地促进生态农业发展；（4）发展生态旅游，引进一批高端文旅项目。

第六个案例是福建南平的生态银行模式。该模式包括以下几个方面：（1）深入推进"森林生态银行"，探索"五输入五输出"的森林资源运营模式，实现"储户""一键理财"，进行资源管理、生产运作；（2）注重精细化管理，植"绿"转型；（3）注重多元化发展，聚"绿"升级，进行生态融合。

以上六个模式，有地级市的，有县一级的，有资源枯竭型城市的，有城镇的，有水生态功能区的，有森林资源丰富地区的，长江经济带要发展生态产业，探索生态产品价值实现路径，可以借助这几种模式进行对照学习。

第三，生态产品价值实现的六大任务。一是必须以生态修复为基础才能发展其他产业，带来价值的溢价。二是以生态产业为核心，以生态产业的发展来实现价值。三是以要素聚合为支撑，要有大量的资金投入、土地、项目，以及多方合作。四是以价值量化为前提，如"森林生态银行"。五是以市场运作为手段，有效利用平台的支撑和市场的激活。六是以生态品牌为抓手，如"丽水山耕""浙有山川"等品牌。因此，只有将生态修复、生态产业、要素聚合、价值量化、市场运作、品牌营销六个方面结合在一起才能真正实现生态产品价值。以上就是我汇报的所有内容，请大家批评指正，谢谢！

长江经济带水、农业与环境的
可持续管理及亚洲开发银行的实践

蔡学良

（亚洲开发银行项目官员、博士）

大家好，我是蔡学良，来自亚洲开发银行，非常感谢东道主的盛情邀请，今天与大家一起讨论一下长江经济带水、农业与环境的可持续管理所面临的挑战与机遇，并就亚洲开发银行的一些相关工作进行简单介绍。

亚太地区仍然面临极端贫困的挑战。亚洲开发银行最新研究表明，亚太地区仍有 11 亿人口生活在贫困线以下，其中包括约 2.6 亿人口生活在极端贫困线以下。我们定义的贫困线与极端贫困线分别为 3.2 美元/天和 1.9 美元/天。新冠肺炎疫情的暴发导致全球经济萎缩。世界银行最新研究表明，新冠肺炎疫情可能导致约 1 亿人口重返极端贫困。从 2015 年到 2018 年全球极端贫困人口数量呈直线下降趋势，但是在 2019 年有了显著回升，2020 年和 2021 年重新返回到 2015 年的水平。中国在消除贫困方面取得了杰出的成就。我们在 2020 年成功消除了绝对贫困，但是不均衡的问题依然突出。尽管城镇地区收入和农村地区收入都有了稳步增长，并且农村地区收入增幅稍稍高于城镇地区，特别是在 2013 年以后，城乡收入比有了进一步缩减，但是不均衡的问题依然突出。基于此，习近平总书记提出了共同富裕的概念，但促进农村地区的发展仍然任重道远。

绿色复苏是国际社会的共识，它体现了我们在经历新冠肺炎疫情这一挑战之后的雄心与壮志。复苏当然是指经济的恢复与发展，绿色复苏则体现了我们在气候与环境方面的积极态度。近年来，中国各方面的环境质量都有了明显改善，例如，水环境质量在稳步提升。温室气体排放方面，虽然农业排放占总排放的比例逐年下降并在 2021 年下降到约 5%，但这并不是因为农业排放减少了，而是因为总排放增加得更多。我们在水稻种植、化肥以及种植业、养殖业、粪便管理方面还有很多事情要做。另外，氮和磷这两种化肥的使用量在中国一直到 2010 年都是稳步增长的。目前，农业生产过程中的化肥使用量占到了水体污染总来源的42%，这是不可绕过的一个问题。

2021年亚洲开发银行启动了新的中国国别战略，这个战略为中国的"十四五"规划紧密服务，其目标是高质量绿色发展，包括三个支撑部分：一是环境可持续发展，二是气候变化适应性和减排，三是养老与社会医疗。在环境可持续发展方面，既包括水、农业与自然资源管理，又包括生物多样性保护，还包括污染控制；在气候变化适应性和减排方面，则强调气候人性、低碳发展，以及自然灾害、风险控制。所涉及的主要工具一是金融手段，二是支持的建立与共享，三是战略伙伴关系。

亚洲开发银行积极参与多个优先领域的实践与发展，包括农业、水利、自然资源、生态与环境多个方面的探索与实践，也积极运用一些基于金融市场的相关工具与管理手段，如水权交易、碳交易、生态补偿。我们强调城乡融合，强调生态系统的整体途径。亚洲开发银行在长江流域有着丰富的合作经验，我们的投资、技术援助与无偿资助项目覆盖了长江流域的所有省份。为了支持长江经济带的发展，亚洲开发银行在2017年启动了"长江经济带行动"计划，在长江流域七个省份与重庆开展援助，总预算约20亿美元，内容覆盖生态、经济与水资源管理、绿色与有包容性的产业发展，以及沿长江多种形态的交通发展、机构能力建设与政策改革。该行动计划试图带动私有资本的参与，提倡创新和高新技术的采用，并在此过程中总结知识与经验，以供中国和其他国家共享。

接下来介绍几个亚洲开发银行在长江流域开展的项目实例。第一个是洪水与环境风险综合管理项目，在龙溪河流域，总投资约3.79亿美元，实施周期从2019年到2024年，既包括基础硬件建设，如防洪和污水管理设施、面源污染控制，也包括基于自然的生态保护系统，如湿地及土壤保护，还包括一套防洪与环境综合管理数字系统，通过该系统促进区域内的三个区县的协调能力、管理能力与规划能力全面提升。第二个是安徽黄山新安江流域生态保护和绿色发展项目。该项目有三个产出：一是城区的污水处理；二是农村地区的点源和非点源污染控制；三是有创新的绿色金融机制。这个绿色金融机制包括一个绿色投资基金和一个绿色激励基金。绿色投资基金主要面向中小企业，鼓励企业节能减排，实行生态农业。绿色激励基金则直接面向广大农户，鼓励农户减少化肥、农药的使用量。绿色投资基金所产生的利润直接补贴绿色激励基金，这样设置的好处是可以创建一种可持续的金融机制，以鼓励、激励与帮助中小企业与农户减少污染排放，另外，它能够促进私人领域在生态保护与绿色产业发展方面做贡献，创建一个企业、农户、政府合作的平台，提升参与方的机构能力。

生态补偿是一种创建性的金融手段。我们知道，在长江流域已经有了明确的生态补偿规划，预期 2022 年将实现长江流域所有一级支流的横向生态补偿的建立。它的本质是促进生态保护，鼓励下游受益者向上游保护者提供包括金钱等方面的补偿，用于平衡上下游的利益与关系。长期以来生态补偿得到中央的大力支持与实践，亚洲开发银行也在长江流域与黄河流域陆续开展了相关的研究与筹资项目。我们与国家发展改革委连续超过十年举办了生态服务付费论坛，同时组织专家参与了《长江保护法》的制定，提出了有益的建议。

第三个是大别山生态补偿项目。该项目的实施单位为黄冈市政府，总预算为 2 亿美元。它包括三个产出：一是自然资本的估算；二是生态补偿实施框架体系的建立；三是黄冈高质量生态保护与绿色发展规划纲要。通过这个技术援助项目，我们希望把水利、农业、林业、生态旅游这四个方面进行有机的组合，通过一系列的政策、机构协调、金融以及能力建设，建立生态保护与绿色高质量发展体系。

一个繁荣可持续的长江经济带离不开生态保护与高质量绿色发展。保护生态，关注气候变化，是我们每个人的责任与义务。谢谢！

省际合作推动长江经济带高质量发展的路径

——以湖北省、江西省为例

罗　静

（华中师范大学湖北高质量发展研究院院长、教授）

高质量发展是社会经济发展的根本规律，本报告以湖北省和江西省为例，讨论省际合作推动长江经济带高质量发展的路径。长江经济带的 11 个省市只有环环相扣，才能促进高质量发展。湖北和江西处在长江中游城市群，湖北省要最大限度地和江西省保持协同发展，推进高质量发展。

一、省际合作发展的理论基础

从理论上看，有三个方面的基础理论：一是行政区边缘经济理论，二是博弈论，三是高质量发展理论。首先是行政区边缘经济理论。行政区边缘地区是重要的经济区域，在中国区域经济协调发展中具有一定的纽带作用。现在，很多省域之间的边缘区存在广泛的合作基础。其次是博弈论。不同的省区有不同的主体和利益关切，主要分为零和博弈和合作博弈，最优模式当然是合作博弈，要做好合作博弈制度的设计。最后是高质量发展理论。2021 年，中共中央、国务院发布了关于推动中部地区高质量发展的文件，包含了长江中游城市群的所有省份，湖北省和江西省应率先开展高质量发展的理论实践。

二、鄂赣两省合作的背景和基础

一是长江经济带的建设。从政策角度看，《长江经济带发展规划纲要》提出打造长江中游城市群，成为长江经济带的重要一极。二是长江中游城市群的建设，要在城乡统筹、产业发展、生态文明建设和公共服务一体化等领域发力推进。三是鄂赣两省的整体相似度比较高，包括自然环境、面积、地形地貌、气候和水文等。湖北整体发展水平略高，而江西省有非常明显的后发优势，最近在战略性新兴产业方面取得了重要进展。四是鄂赣两省历史上的合作较多。从明代开始，两省的人口交流比较多，特别是"江西填湖广"。近代工业发展方面，"汉冶萍"是两省合作的重要典范。近年来，两省在旅游、教育等方面有很多合作，产业方面的合作更加密切，签订了很多协议，明确了很多合作示范区。在基础设施方面，两省跨越式发展，武九客专的开通使武汉到九江、南昌的时间大大缩短。2021年9月10日，三个省的省委书记在武汉签订了"1+6"协议，在总体合作框架基础上，还包括省会之间、小区域之间、文化旅游方面的跨省合作协议。五是省会之间也建立了非常良好的合作关系，合作的范围比较广，频度比较高。

但是，两省在合作中还是存在一些问题。一是思想上有隔阂，两省都需要思想破冰、建立合作机制、进行优势互补。二是两省之间经济发展梯度比较小，合作的动力不是很强。长三角地区的上海和周边地区的梯度比较大，各省非常盼望融入上海，而湖北和江西之间虽然有一点梯度，但不是很大。三是两省整体创新能力不足，产业同质化问题比较严重。新时期，要破除传统行政区域经济的约束。为此，提出以下三个方面的建议。

三、产业协同发展

一是打造优势产业集群。通过梳理湖北省和江西省的一些重要规划，发现两省在打造优势产业集群方面的合作领域主要集中在石油化工、家电、战略性新兴产业、装备制造、汽车、冶金等行业。通过对江西省和湖北省的共同目标进行对比分析，发现两省都把"节能环保装备"当作共同的目标，具有开展合作的基础。新能源汽车、智能网联汽车是两省重要的发展目标，可以发挥各自的品牌优势。在冶金工业方面，鄂赣两省在有色金属行业存在合作基础。

二是协同发展现代服务业。两省在绿色发展、金融、物流、文化旅游产业方面有共同合作的基础。两省都重视长江经济带绿色发展，提出了绿色发展示范区的建设和合作构想。在金融方面，两省在银行业打通、互设机构方面开展了一些"破冰"工作。两省物流业的协作基础较好，在交通枢纽建设、跨境电商和通关方面的合作大有可为。两省的沿江港口邻近，武汉新港与九江、南昌都在一个天然经济区域。在文化旅游业方面，两省在旅游线路整合、特色产品营销、文化品牌打造方面开展了很多卓有成效的工作。

三是共同发展现代农业。在这方面两省合作的基础也非常广泛。

四是建立产业协同发展机制。在产业协同方面要真正地做好，要在协同机制方面做文章。我们提出了一些设想，可以通过一些产业的协会、联盟或成立发展基金，推进产业协同发展，也可以联合开展项目推介、项目招商引资，建立一些跨省合作的示范区。

四、区域城市合作

区域城市合作有几个不同的层次：地级市层面是"咸岳九"三角区域，县域层面是"通平修"，也就是通城、平江和修水，在跨江合作方面是黄梅小池镇和九江市。在"咸岳九"三角区域合作方面，两省具有良好的合作基础，在基础设施建设、议事协调机构方面开展了充分的准备工作，湖北省咸宁市十分重视"咸岳九"合作对策，江西省也出台了相关规划。在"通平修"区域合作层面，三县有一些合作的基础和机制，三个县的领导定期开会协商区域融合的新路径。在小池与九江同城化发展方面，湖北省将其作为省级重大战略推进，同时也得到了九江市的热烈响应，发展态势比较好。2012 年湖北省做了总体规划，从目前来看进展非常顺利。

五、生态文明共建

长江经济带建设必须坚持"共抓大保护、不搞大开发"的总基调，两省要共同做好以下五个方面的工作：一是共同保护水资源环境。湖北处在长江经济带中游，同时处在江西的上游，所以两省有很多共同的工作。二是共建生态廊道。长江本身是一个生态廊道，幕阜山也是两省共同的生态廊道，需要鄂赣两省共同建设。三是环境污染联防联治的区域协同。四是完善生态补偿机制。五是绿色发展。例如，鄂赣两省可以共同升级节水技术，共建再生资源回收网络等。谢谢大家！

长江经济带高质量发展与共同富裕

邓宏兵

（中国地质大学（武汉）区域经济与投资环境研究中心主任、教授）

今天要跟大家分享一个关于创新驱动长江经济带高质量发展与共同富裕的问题，主要从创新产出这个视角分析两个方面的内容：第一，长江经济带创新产出的空间关联特征是什么，以及哪些因素会影响创新产出。对长江经济带来讲，就是上中下游、流域内外等相互关联问题。第二，在对上述问题进行分析判断的基础上，对创新如何驱动长江经济带高质量发展和共同富裕，提出一些思路和建议。

一、长江经济带创新产出的空间关联特征及影响因素

主要采用定量分析方法。首先，通过改进的引力模型进行空间关联特征分析，根据长江经济带流域内不同区域的创新产出总量、研发人员规模以及创新核心领域测算出区域创新产出总引力，在区域发展含义基础上，揭示该区域的创新产出有多少。核心指标包括万人专利授权量、规模以上工业企业创新等。其次，利用网络关系数量分析网络密度。再次，开展关联性分析，分析不同区域之间的空间关联性到底怎么样。最后，开展中心性分析。

基于以上方法对2010—2019年的长江经济带进行了一个基本分析。研究结果显示，长江经济带创新产出多集中于沿海地区，上游、中游、下游创新产出的贡献度分别为12.81%、15.67%、71.53%，也就是说，长江经济带东部几个省份的贡献度超过了70%，而中部和西部加在一起不到30%，同时中部和西部在贡献度上没有形成实质性的差别，只有不到3个百分点的差距。当然，这一格局在不断发生变化，主要表现为中部和西部的贡献度在不断增加，尽管增幅并不是太大。

关于长江经济带内部联系密度以及创新产出关联联动性效果，研究结

果显示，长江经济带上中下游从空间产出的角度看关联特征总体上比较弱。这就引出了一个问题，即最终能否实现共同富裕，或者说如何找到实现共同富裕的路径，这也是我们接下来要思考的问题。

接下来我们研究了到底是哪些因素在影响这种相关性，结果发现，规模以上工业企业的研发在整个长江经济带的空间关联中起到了很关键的作用。换句话说，长江经济带要想从创新产出的角度加强联系，就要增加规模以上工业企业研发的规模。另外，固定资产投资也是影响长江经济带 11 个省市之间创新产出很重要的变量。

二、从创新产出角度推进共同富裕

高质量发展与共同富裕是新时代、新发展阶段的主旋律，党的十九届五中全会明确提出"到 2035 年，全体人民共同富裕取得更为明显的实质性进展"，习近平总书记指出"现在，已经到了扎实推动共同富裕的历史阶段"。

从区域发展、长江经济带发展的角度来讲，我们要把握以下几个基本问题。其一，共同富裕在不同发展阶段和不同区域需要实施不同的对策，必须认识到共同富裕不是齐步走，应当承认当前发展的差异性。其二，长江经济带是实现高质量发展和共同富裕的主战场，创新水平和创新能力之间的差别是我们必须要注意到的，要从战略的高度认识长江经济带的高质量发展和共同富裕。其三，创新驱动是实现长江经济带高质量发展与共同富裕的核心动力。要把这个核心动力抓住用好，一是进一步加强企业在科技创新中的主体地位，规模以上工业企业研发对长江经济带创新产出的影响是 0.4733；二是推动高校成果转化；三是推进创新人才合理流动和配置；四是进一步扩大开放规模。

生态产品价值实现与湖北的实践

彭智敏

（湖北省人民政府参事、湖北省社会科学院研究员）

2005 年，时任浙江省委书记的习近平在安吉考察时，首次提出了"绿水青山就是金山银山"。这是中国生态文明建设的一个重要理念。党的十八大以来，我国生态文明建设取得了很大的成就，尤其是长江经济带发展确立了"生态优先、绿色发展"的基调，全力推进"共抓大保护，不搞大开发"，在生态产品价值实现方面进行了许多有益的探索，成效明显。然而要实现"绿水青山就是金山银山"的理念，在实践中还存在很多亟待解决的问题。最近几年，我在省内外进行了多次调研，包括生态资源、生态产品丰富但经济发展水平较低的地方，如恩施自治州、神农架林区、十堰市、黄冈市等地，了解到一些实际情况，也有了一些想法和思考。

今天我的发言包括以下四个方面的内容。

一、加快建立生态产品价值实现机制是习近平生态文明思想的核心主线

习近平总书记先后三次主持推动长江经济带发展的座谈会，在 2016 年的重庆会议上，他专门谈到推动长江经济带发展的前提是推动生态优先，要把修复长江生态环境摆在压倒性位置，逐步解决生态环境透支问题。这要从生态系统的整体性和长江流域的系统性着眼，着眼于山水林田湖草、生态修复和环境保护。在 2018 年的武汉会议上，习近平总书记专门提到，推动长江经济带探索生态优先、绿色发展的新路子，关键是要处理好绿水青山和金山银山的关系。

近 10 年来，我国在这个方面做了不少的探索，2010 年国务院颁布了《全国主体功能区规划》，第一次提出了生态产品的概念。从《全国主体功能区规划》首次提出生态产品概念，到党的十九大报告提出"提供更多优

质生态产品以满足人民日益增长的优美生态环境需要"，再到习近平总书记在深入推动长江经济带发展座谈会上指明生态产品价值实现的发展方向，生态产品由最初的国土空间优化的一个要素逐渐演变成为生态文明的核心理论基石，生态产品的概念逐步清晰起来。2012 年、2015 年、2017 年、2018 年、2019 年、2020 年，国家先后出台了一系列的政策和文件。所以说，从理论上和政策上看，这个问题已经得到了较好的解决。

二、如火如荼的发展态势

时任浙江省委书记的习近平 2005 年 8 月考察安吉时指出，我们既要绿水青山，也要金山银山。宁要绿水青山，不要金山银山，而且绿水青山就是金山银山。不过，绿水青山如何变成金山银山，却是一个政策性、实践性很强的问题，全国各地都在开展探索，总体来看，还处于刚刚破题阶段。

《中共中央　国务院关于完善主体功能区战略和制度的若干意见》首次对生态产品价值实现工作提出了具体要求："要建立健全生态产品价值实现机制，挖掘生态产品市场价值""科学评估生态产品价值，培育生态产品交易市场"，从大制度框架上提供了路径。

长江经济带是重大国家战略发展区域，生态优先、绿色发展是其最大的特色和亮点，在生态产品价值实现机制的探索上也走在全国前列。党的十八大以来，浙江、江西、贵州以及浙江丽水市、江西抚州市先后被列为国家生态产品价值实现机制试点和试验区。到 2020 年底，生态环境部共命名 87 个"两山"实践创新基地，其中长江经济带就有 40 个，占比达46%，生态产品价值实现基础良好。近年来，长江经济带各省市开展了系列生态产品价值实现探索，取得了积极进展和初步成效，推动了"资源—资产—资本—资金"的有效转化。

浙江丽水：丽水作为全国首个生态产品价值实现机制试点城市，建立了生态品牌、互联网机制，拓展了生态产品价值的转化路径。

江西：江西省与中国科学院生态环境研究中心联合研究制定生态产品与资产核算办法、生态产品价值核算地方标准，从自然生态系统提供的物质产品、调节服务产品、文化服务产品三个方面 12 个科目进行核算，经过初步核算，江西省抚州市 2019 年生态产品价值为 3907.35 亿元，是其当年生产总值的 2.59 倍。

湖北：湖北省统计局与中国环境科学研究院合作的"恩施州、十堰市生态价值评估"研究从 2015 年 7 月开始，历时一年多。研究结果显示，2014 年鄂西的恩施和十堰两个地方的生态价值突破了 10 万亿元，包括生态产品价值、生态服务价值，远远超出这两地方当年实际的生产总值，而且倍数非常高，分别为 175.5 倍和 92.5 倍。

安徽：新安江流域的生态补偿很有成效。2012 年，安徽和浙江两省在新安江流域实施全国首个跨省流域生态补偿机制试点。目前，新安江流域生态补偿机制试点已经实施了三轮，共安排补偿资金 52.1 亿元，由中央、浙江、安徽共同出资。黄山市充分挖掘特色资源优势，努力拓宽生态产品价值实现途径和方式，初步形成了以旅游业为主导、以战略性新兴产业为支撑、以精致农业为基础的绿色产业体系。以徽州民宿为代表的多种业态蓬勃发展，形成了民宿客栈、徽菊、小罐茶等一批重大产业项目。

三、湖北鄂州的有益探索及成效

鄂州地处湖北东南部、长江中游南岸，是全省最小的地级市，现辖鄂城、华容、梁子湖三个县级行政区和国家级葛店经济技术开发区、市级临空经济区，国土面积为 1596 平方公里，总人口为 110 万人。境内梁子湖是驰名中外的武昌鱼故乡，是全省第二大、全国第八大淡水湖泊，更是目前我国水质最好的内陆淡水湖之一。

梁子湖区自然生态良好，资源禀赋独特，但一直没有找到一条适当的生态产品价值实现路径，人民生活水平比较低。近年来，得益于开展生态价值实现方面的探索，该区凭借良好的生态成为最大的受益者。2016 年、2017 年和 2018 年共获得市政府和其他区政府生态补偿资金 22532.5 万元，并呈逐年递增趋势。区政府同时利用生态文明公司这个政府投资平台，以自然资源资产为抵押，在国家开发银行、农业发展银行申请生态项目贷款 10 亿元，广泛应用于优化产业结构、淘汰落后产能、保护生态环境、改善群众生活。

其主要做法：一是编制自然资源资产负债表，对自然资源进行定量统计，这是体现进而实现生态价值的基本前提。二是生态价值计量，将不同自然资源对生态的服务贡献统一"度量衡"为货币单位，选择适用于区域和全球尺度的当量因子法对生态进行赋值。三是生态价值应用及实现，在行政管理层面，以财政转移支付为载体构建不同行政区划之间的生态价值补偿机制；在金融机构层面，推进绿色金融产品创新和生态资产资本化，综合利用生态资产质押、收益权转让等多种方式进行融资；在市场交易层面，以现有基础较好的碳排放权、排污权有偿使用为试点，探索生态权益的市场交易机制，直接利用市场实现生态价值。

在推动生态产品价值实现的过程中，梁子湖区通过"四化"取得了良好的综合效益。一是生态资产"价值化"，对自然资源资产进行核算，完成土地、林木、水、生物、矿产等自然资源资产负债表的编制，随后进行确权和价值评估。二是生态资产"市场化"，按照"谁污染、谁补偿，谁保护、谁受益"的原则，建立横向各区域间责、权、利相一致的生态补偿机制。考虑到各区的财政支付能力，先期按实际提供生态服务价值总额的20%进行生态补偿，市政府给予70%的补贴，剩余10%由接收生态服务的区转移支付，并逐年增加权重比例，市政府补贴比例则逐步降低。三是生态资产"金融化"，积极引导银行业金融机构以农村土地承包经营权、林权、水域滩涂养殖权、集体建设用地使用权、农村居民房屋所有权抵押融资为重点，不断拓展贷款品种和规模，逐步实现生态资产质押融资品种全覆盖。以其持有的未来收益权作为融资标的物，在农村产权交易场所挂牌转让其收益权，拓展融资渠道。对接国家开发银行、农业发展银行等政策性金融机构，创新生态资产融资模式。四是生态责任"制度化"，实行领导干部自然资源资产离任审计，加强自然资源资产离任审计结果运用，建立生态服务价值年度目标考核制度。

此外，梁子湖区由于在生态产品价值实现路径上的探索，获得上级表彰和奖励。2019 年，鄂州开展生态价值工程改革，获国家奖补资金 3590 万元。在长江经济带绿色发展综合评估中，鄂州市名列全省第一，全省现场会在鄂州召开，获省政府专项奖励 5000 万元。

四、展望

毋庸置疑，建立生态产品价值实现机制将大大加快长江经济带生态优先、绿色发展进程，推动我国生态文明建设迈上新台阶，意义非常重大。但必须承认，目前我国大多数生态资源和产品丰富的地方尤其是长江中上游地区经济社会发展水平仍然偏低，它们还没有找到一条适合自身发展的生态产品价值实现途径，或者得不到市场的认可和政府部门的支持（如生态补偿资金等），还需要更多的探索。同时，这个探索需要各级政府在政策上、资金上、技术上加大支持力度。

三峡库区漂浮物治理及资源化再生处理机制

赵　旭

（三峡大学经济与管理学院副院长、教授）

非常感谢秦院长提供这个学习机会，今天听了各位专家关于长江经济带生态保护与生态产品价值实现的一些真知灼见，受益匪浅。各位专家主要从宏观层面分享了很多案例，我作为地方高校的教师主要聚焦于研究微观问题，三峡大学一直提倡"双服务"理念，即聚焦地方经济社会发展、聚焦水利电力行业。

长江经济带的生态变迁大都源于人的活动，其中大中型水利水电工程建设起到了显著作用，如三峡工程、南水北调工程等，都对整个流域的生态保护和生态治理产生了影响。因此，我们面向三峡生态屏障区，针对三峡库区漂浮物治理及资源化再生处理机制开展了研究。目前，城市在垃圾分类和垃圾回收再利用方面已经取得了较好的成效，但是对于长江流域来说，河流中的垃圾和城市的垃圾有很大区别。下面我就三峡库区漂浮物产生的背景、特征、清漂机制与流程、资源化再生处理机制四个方面为大家做一个汇报。

一、研究背景

三峡库区的垃圾从何而来？众所周知，三峡水库 2003 年蓄水发电后，库区河道由流速快、流量大的急流航段变成流速变缓、滞留时间长、回水面积大、港湾河汊多的河道型水库，导致在主汛期及蓄水期江面会大量滞留和堆积漂浮物。

三峡大学的团队于 2021 年 10 月对三峡坝区和库区进行了清漂调研，从坝前、巫山县、万州区、丰都县、涪陵区到长寿区的沿线清漂点，实地考察了漂浮物组成情况、船只类型、清漂流程和漂浮物处理方式等问题。调研中发现库区漂浮物存在以下四个问题。

第一，破坏水面景观，长江三峡是中国著名的景点，漂浮物的大量聚集很影响景观。

第二，影响水质，漂浮物会导致水体氮类营养盐水平和有机污染物浓度明显增高。

第三，若蓄水期间三峡坝前有大量漂浮物，可能会影响大坝发电和航运的功能。

第四，处理成本高且漂浮物尚未能较好地实现回收利用。现在中国长江三峡集团每年投入 3000 万元进行治理。以重庆库区为例，每年补贴 1400 万元，然而现在的反馈还是经费不足。

2003 年 11 月，国家环保总局提出《三峡库区水面漂浮物清理方案》，要求库区沿岸市县以及三峡枢纽管理单位对管辖水域开展清漂工作，此后三峡库区漂浮物清理工作逐渐常态化。漂浮物的来源主要有四个：一是植物垃圾，即汛期时随雨水冲刷带进江中的秸秆、柴草；二是生活垃圾，即沿江两岸居住的人群和企业排入江中的垃圾；三是支流垃圾，即上游江面（四川、贵州等地的河流）顺水而下的垃圾；四是船舶垃圾，即库区内各类船舶停泊或航行中的排放物。

二、漂浮物特征

第一，漂浮物的形状与组成多样。三峡库区水面漂浮物主要由树根、树枝、秸秆等自然垃圾（85% 以上），泡沫、塑料等生活垃圾（5% 左右），工业垃圾及灾害类漂浮物组成，三类漂浮物常混杂交织在一起。

第二，三峡漂浮物的物理组成主要为橡塑、木竹和纺织物这些密度小于水的固体废弃物，由于是从水里打捞上来的，因此含水率较高，为 60% 左右，而且以附着在固体废弃物表面的自由水为主。漂浮物不溶于水且分布不太均匀，无法短时间内依靠水域自我净化的自然方式进行溶解吸收，只能依靠人工行为进行打捞处理。

第三，从漂浮物的时段特征来看，2003 年刚蓄水时，因为清库的残留，当时漂浮物最多，之后随着治理力度加大而逐渐减少，但是 2019 年以来漂浮物总量有增长的趋势，2020 年仅三峡坝前收集的漂浮物就达到 37.7 万立方米，而且每年的漂浮物总量无法确定，主要是受气候影响。从入库流量来看，当长江流量在 25000 m³/s 以下时漂浮物数量较少，流量为 25000~30000 m³/s 时漂浮物较多，流量为 30000~40000 m³/s 时，特别是三峡库区发生暴雨洪水时漂浮物数量骤然增加。

2020 年主汛期间，受 9 次洪水包括 5 次编号大洪水影响，三峡大坝洪峰过后又迎来了多次漂峰，三峡水库出现了超历史同期有观测记录以来的最大来漂量，打捞总量达到 37.7 万立方米。因洪水封航、恶劣天气等原因，船舶无法出航打捞作业，水库水面漂浮物清理工作受到影响，致使三峡坝前水域漂浮物聚集，极大地增加了水库水环境保护及工程运行管理的难度。2021 年仅有长江 1 号洪水和嘉陵江 1 号洪水两场秋汛，至 11 月坝前打捞总量为 13.3 万立方米，仅为上年打捞量的三分之一。10 月中旬各清漂点的垃圾量较少，11 月即可提前进入保洁期，而往年是下年 1 月至 3 月才进入保洁期。

从分布特征来看，漂浮物数量一般根据不同季节和阶段性气候形成具有一定规律的变化，主要是汛期（5—9 月）和蓄水期（10—11 月）大面积聚集。在主汛期（7—9 月），长江支流都因洪水而产生大量漂浮物，漂浮物总量占全年的 70% 以上。由于支流低水位运行，流量大，流速快，漂浮物在支流停留时间短，进入干流较多。在此期间，为了确保清渣人员的安全，库区内禁止作业，因此，这些未经沿途打捞的漂浮物大面积聚集于坝前水域，给水利枢纽造成一定的安全隐患。在蓄水期（10—11 月），库区水流速度从 2.68~2.88 米/秒减少至 0.38 米/秒左右，江水的自净能力大大降低，水位不断升高，流量不大，流速较缓，漂浮物在支流和干流回水湾停留时间较长。

三、清漂机制与流程

目前国家层面的制度文件为国函〔2003〕137 号文《国务院批转环保总局关于三峡库区水面漂浮物清理方案的通知》，其中有明确的职责分工。中国长江三峡集团主要负责三峡坝前水域和干流水面漂浮物的打捞、上岸、焚烧、综合处理和安全处置，并转运需要处置的漂浮物，使用具有补贴性质的委托协议将三峡库区的干流和支流包干给相应区域的库区地（市）人民政府，并且聘请水文三峡局监理地方政府的清漂工作。以漂浮物不聚集和不产生不良影响作为标准对三峡库区的清漂点定期进行检查，对于不达标的情况监理方有权派发通知单要求进行整改并且制定相应的惩罚措施。然而此文件存在一个问题，即中国长江三峡集团作为企业并无环保处罚权，企业聘请的监理将情况上报后，可行的处罚只能是削减下一年度的清漂费用。

清漂区域分为坝前和库区两部分，坝前由中国长江三峡集团负责，库区清漂主要是以沿江区县为单位，依次设置 13 个清漂点来分段拦截漂浮物，负责打捞沿江岸线的垃圾。湖北省内有 3 个，即三峡坝前、秭归县、巴东县；重庆市内有 10 个，即巫山县、奉节县、云阳县、万州区、忠县、石柱县、丰都县、涪陵区、长寿区、重庆主城区。各个地方的清漂方式基本相同，主要采取机械打捞为主、人工打捞为辅的方式，即使用清漂船进行打捞，同时人工使用网兜辅助打捞遗漏的小型垃圾。

目前的清漂流程如下：先使用清漂船收集漂浮物，然后使用清漂船或者转运船进行水路运输，坝前是运输到专用码头，由秭归华新水泥厂接收再进行焚烧处理，而库区则在清漂码头卸渣，协调本单位的垃圾压缩车运输到相应的处理点。目前各个清漂点对于漂浮物的处理方式不同，其中，忠县、巫山等地主要采用生态填埋的方式，涪陵、万州等地采取焚烧发电的方式，三峡坝前、秭归、巴东等湖北库区采用水泥窑协同处理废物的方式。

生态填埋以巫山县红庙村垃圾填埋场为例，优势是简单易行，成本较低，现行技术手段较为成熟，可操作性强；劣势是占地面积大，对垃圾的减量化程度低，需做防渗处理，容易对地下水及周围空气造成污染。

焚烧发电以重庆三峰环境集团股份有限公司为例，优势是漂浮物中生物质较多，焚烧处理能够快速高效地处理漂浮物，同时能够利用焚烧所带来的热能进行热力发电；劣势是焚烧处理过程中需要消耗一定量的电能，同时会产生二噁英、烟尘、氮氧化物等影响大气和周边生态的气态物质，会造成大气污染和周边生态污染。

水泥窑协同处理废物以秭归华新水泥厂为例，优势是可用高热值的废物来直接替代传统燃料（煤、石油），可以更高效地利用废物中含有的能量；劣势是处理点距离坝前比较远，运输成本高，而且日处理漂浮物的量仅为 1000 多立方米，回收处理能力有限，尤其在汛期无法满足处理需求。

四、资源化再生处理机制

1. 存在的问题

一是处理能力不足。目前坝前漂浮物仅有秭归华新水泥厂一处作为处理点，而且清漂船暂时不能过坝，导致无法在下游选择清漂点，汛期处理矛盾极为突出。

二是处理方式单一。目前的漂浮物还没有类似于城市生活垃圾的分拣机制，清漂船上也缺乏相应的处理设备，含水量高的生物质垃圾还没有有效利用渠道。

三是清漂边界模糊。目前沿江各段的清漂点由各区县自行负责，由于干支流中漂浮物流动性强的特征，各地清漂责任与范围边界不明，投入不一。

四是管理职责不明。坝区和库区清漂责任主体是三峡工程的业主——中国长江三峡集团，但它并不具备行政管理职能，仅能以拨付的清漂费用作为约束。

五是再利用机制缺乏。漂浮物处理成本较高，坝前水泥厂焚烧为 50 元/立方米，而生物质垃圾具备经济性，但目前没有进行分拣分类和再次利用，还未形成产业链。

2. 资源化再利用建议

根据国家不断发展的环保要求和改善三峡库区及长江中下游环境质量的要求，对于三峡水库漂浮物，应规划研究"导、拦、清"综合性措施进行全面治理，并加以再生利用，减少三峡工程和长江中下游江水的污染。

将清除上岸的漂浮物集中进行减量化、资源化和无害化处理，修建漂浮物专用码头和处理工厂，利用清污设备将漂浮物进行捞取、清理、分类，分别集中进行资源化和无害化处理。

（1）持续优化无害化处理方式

鉴于国家现行的长江流域环境大保护战略，坝前漂浮物治理也应当遵循无害化处理原则，从而极大地缓解漂浮物所带来的环境污染影响，对流域饮水安全、生态安全、环境安全产生积极作用。

一是采用分拣分类方式进行预处理，并选择运输至处理厂进行处理，从而总体上降低费用支出。同时出于水域垃圾运输的考量，应与周边地方政府有关部门积极协调沟通，争取开放近距离处理场地，就近进行分拣分类。

二是可考虑自行建设或联合周边地方政府及有关厂商，就近建设满足环境保护要求的漂浮物焚烧厂或漂浮物热裂解厂，达到漂浮物处理的有关要求。

（2）精细化分类分拣再利用方式

在漂浮物中含有大量的泡沫塑料、木材以及农作物秸秆，这些都是可以再生利用的资源，将其回收后再循环生产利用，可减少污染并降低处理成本。

由于坝前漂浮物数量激增，坝前唯一处理点华新水泥厂的日处理能力仅为1000多立方米，不能满足处理需求。若能加入一个应急处理点，对漂浮物进行分类分拣后运输至此，则能将可利用的部分用于制作生物质颗粒以及汽化发电。

现有的成功案例是，长江漂浮物开发有限公司针对葛洲坝坝前的漂浮垃圾采取了再生利用的方法，年产值约1000万元。该公司将漂浮物中的塑料成分提炼净化生产为再生塑料颗粒，用于汽车配件、摩托车配件、电器开关、机壳、化妆盒、文化办公用品、儿童玩具等的生产，目前该公司的再生产品黏结剂已在三峡大坝上使用。

（3）深入探索漂浮物再利用途径

分类分拣再利用是最基础的漂浮物再利用手段；热力发电再利用是现行推崇的漂浮物再利用手段；肥料沼气再利用是偏远地区比较适合的再利用手段；塑料橡胶再利用是分类分拣的额外产出。

在进行漂浮物治理的过程中，应综合运用上述四种再利用手段，合理分配比例，达到最大经济效益，进一步降低漂浮物治理成本，促进周边经济发展，进一步保护周边居民生活需求和生态环境，使国家环境保护政策得到有效落实。

湖北碳市场：理论与实践

孙永平

（湖北经济学院低碳经济学院常务副院长、教授）

一、湖北碳市场的发展概况

在"双碳"目标下，湖北提出了坚持生态优先、绿色发展、率先在中部地区实现绿色崛起的新目标。但现阶段湖北省工业结构偏重、能源结构不优，就业和税收对高碳行业的依赖程度依然很高，而且碳排放存在明显的区域差异，在短期内实现碳达峰目标仍面临巨大的挑战。为加快降碳减排的进程，以较低成本实现绿色转型，湖北应该重视赋能碳市场，助力"双碳"目标尽快实现。

历经 7 年的反复试验与打磨，湖北碳市场日渐成熟，形成了具有湖北特色的碳排放权交易体系，进行了诸多理论探索和实践。2011 年 11 月，湖北省被列入全国第一批碳交易试点省市；2014 年 4 月，湖北碳市场正式上线交易，纳入企业 138 家，排放量达 3.24 亿吨，占全省的 35%；2016 年，湖北碳市场已纳入 373 家企业，总排放量达 2.75 亿吨，约占全省的 45%，涉及 16 个行业。目前，我国在 9 个地区逐步开展了碳市场的试点，分别是深圳、北京、上海、广东、湖北、重庆、四川、福建、天津。在这 9 个区域碳市场中，湖北的碳市场最为活跃，无论是交易量、交易额、企业参与度还是引资规模等各项指标均保持首位。湖北碳市场作为生态文明制度建设的重要组成部分，其先进经验对 2021 年刚刚全面启动的全国碳市场具有重要的借鉴意义。

二、湖北碳市场的逻辑起点

湖北作为中部省份，无论是产业结构、能源结构还是经济发展阶段都符合我国工业化发展的总体趋势，具有很强的代表性。因此，湖北碳市场的经验对全国大部分地区来说有一定的适用性，为全国碳市场的建设提供了丰富的经验。

产业结构方面，近年来，湖北省经济发展保持良好势头，产业结构具有以下鲜明特征：（1）第二产业占比过高，第一、第三产业发展相对滞后。尽管湖北的经济高速发展，但是产业结构不优，对第二产业高度依赖，致使湖北省经济转型困难。（2）产业结构正处于快速优化调整期。第一产业占比逐年下降，第二产业占比也在 2011 年后有所回落，第三产业占比稳步提升。（3）轻重工业发展不平衡。从湖北工业的内部结构来看，重工业所占的比重远高于轻工业。其中，汽车、钢铁、冶金、石油化工为湖北省重工业的主导产业。湖北省的产业结构较其他试点省市而言，第一产业占比最高，第三产业占比最低，第二产业占比仅略低于广东。

从能耗角度来看，湖北省的能源消费量整体呈现增长趋势。能源生产总量比较稳定，虽总量比较小，但比较优质，主要以水电为主。湖北省正处于经济高速发展的时期，工业的发展也伴随着能源消耗的增长，规模以上工业二氧化碳排放量从 2015 年的 2.7 亿吨增长到 2019 年的 2.8 亿吨。其中，电力、热力、燃气及水生产和供应业是湖北省规模以上工业碳排放量最大的行业，2019 年碳排放量达 1.2 亿吨，占总排放量的 49%。受行业生产方式、减排技术等多种因素影响，湖北省行业间碳排放的差异较大，降碳减排的难易度不一致，碳市场的设计需要考虑到行业间的差异。

湖北省相对落后的产业结构和能源结构对于碳市场的建设来说是一把"双刃剑"。一方面，碳市场的建设在湖北省高耗能行业的减排压力上面临巨大的挑战。另一方面，湖北省存在高耗能的重工业占比高、能源效率较低、清洁能源占比低等问题，说明改善的空间大，减排的潜力高，一旦碳市场构建完备，更易取得减排成效。

三、湖北碳市场的理论创新

成本约束是指政府通过财政手段、政策手段影响企业的生产成本，从而对企业的相关生产行为进行规范和制约。在碳排放权交易中，政府大多运用限定配额的方式对企业施加成本约束，其目的是控制或降低企业的二氧化碳排放量。但由于全球碳市场普遍采取免费分配碳配额的模式，这种模式往往会带来两个方面的影响：一是由于配额供给过多，碳价过低；二是既然配额大多数是免费的，企业并未对自己的全部排放行为负责。碳成本约束过低，企业的减排动力和压力不足，最终导致国家整体的减排目标无法完成，属于低效或者无效的成本约束。可见，成本约束的高低对于减排企业的发展至关重要。湖北碳市场为了实现有效的成本约束，设计了六个方面的创新机制。

第一，动态配额调整机制。湖北碳市场采用了"一年一分配，一年一清算"的额度调整制度，对每年未经交易的配额采取收回注销的处理方式。相较于传统的固定配额分配方式，这种动态调整机制下，企业的配额能够及时反映碳市场变化，既避免免费配额过多而无法给企业施加足够的减排压力，又能减少由于企业减排成本过高而导致的碳泄漏。

第二，配额调整适合机制。为了调动企业参与碳交易的积极性，减轻企业成本负担，维持碳市场平稳运行，湖北省建立了灵活的碳排放额度分配事后调整机制。在事后调整机制下，湖北省碳排放配额总量包括企业年度碳排放初始配额、政府预留配额和新增预留配额三部分，政府预留配额占配额总量的8%。除此之外，湖北省还采用了"双20"调整机制，即在每次核算时，对企业碳排放量与年初配额差额超过20%或20万吨以上部分予以追加或追缴。换言之，企业最多承担20万吨的碳排放成本，或者获得20万吨的免费配额。

第三，行业竞争力保护机制。湖北碳市场设置了行业竞争力保护机制，从减排成本、减排潜力、贸易密集度这三个维度综合设计了动态的、连续的控排系数，提高碳市场免费配额分配的有效性和公平性。

第四，市场流动性保障机制。现在的碳市场不是为了交易而交易，而是为了减排实现生态目标，但是如果没有流动性保障这个市场就是无效市场，碳市场何来定价，碳价何来参考性。为了避免这种现象，保证碳市场的有效性和权威性，湖北省在一级市场通过公开竞价的方式，实现价格发现，向市场传递价格信号，形成价格预期，同时也为价格稳定机制提供基准价格；在二级市场，将企业、机构和个人纳入交易体系，鼓励资金参与交易，不仅保障了市场的流动性，也增加了市场的稳定性。

第五，价格稳定机制。由于碳交易市场价格过高或过低都无法实现有效的成本约束，因此，政府需制定一个合理的价格来达到预期的经济目标。湖北省为了维持碳市场价格稳定，主要做了以下两方面工作：（1）限定了碳价的单日最高涨跌幅，日常交易的单日价格浮动不得超过上一交易日收盘价的±10%，大宗商品申报价格不得超过上一交易日协议收盘价的±30%；

（2）当碳价波动剧烈时，将拍卖储配配额对碳价实施调控。通过适当的政策调整手段，湖北碳市场的供需基本平衡，碳市场价格较为稳定，提高了碳市场的有效性。

第六，覆盖范围调整机制。湖北碳市场覆盖范围的特征体现为覆盖行业的多元化和减排成本的差异化。行业覆盖面大，行业差异性大，不同行业的科学技术含量不同，导致有的行业可以产生富余的碳排放额度，因此碳交易容易在不同行业之间产生。湖北省在确定碳市场的行业覆盖范围时，在"抓大放小"的同时兼顾行业的多元化，共涉及 16 个行业、373 家企业。

四、湖北碳市场的实践成就

凭借有效约束成本的六大机制，湖北省这几年的成绩较为显著，碳市场的交易规模、交易连续性、控排企业参与度、市场参与人数、引进社会资金规模等指标均位居全国前列。湖北碳市场不仅对湖北省生态文明建设影响重大，在碳减排、交易规模、碳金融、生态扶贫四个方面对全国碳市场的构建也有着重要意义。

五、碳市场与生态产品价值实现

绿水青山就是金山银山，要把生态优势变成经济优势，我们通过建立自然资源的概念推动生态产业化，产业生态化就是这个道理。碳有两个基本的概念，分别是碳源和碳汇，碳源往往是指经济发达的地区、经济密集区，碳汇就是吸收二氧化碳，碳市场就是在碳源和碳汇之间建一座桥梁，提供生态补偿功能和扶贫功能。湖北省将 CCER 中的大部分资金投向了贫困地区，农林项目的 CCER 范围很大，农民的收益是很高的，未来的碳市场要把它作为一个重点去探索，除了生态产品价值实现还会提供生态扶贫、乡村振兴等功能。

湖北省生态产品价值实现机制研究

付晨玉

（湖北经济学院财经高等研究院讲师）

我们在秦尊文院长的带领下开展了一些关于生态产品价值实现的研究，很荣幸能够在此向大家做汇报，我汇报的题目是《湖北省生态产品价值实现机制研究》。

推动长江经济带生态优先、绿色发展，关键是要处理好绿水青山和金山银山的关系。近年来，湖北省致力于推动绿水青山转化为金山银山，在探索生态产品价值实现路径、创新生态产品价值实现机制等方面开展了有益尝试，取得了显著成效。下面，我主要围绕研究背景、湖北省建立生态产品价值实现机制的实践、探索过程中发现的主要问题以及完善湖北省生态产品价值实现机制的对策建议这四个方面进行汇报。

首先，介绍一下研究背景。党的十八大以来，习近平总书记站在谋求中华民族长远发展、实现人民福祉的战略高度，围绕建设美丽中国、推动社会主义生态文明建设，提出了一系列新思想、新论断和新举措。2012年，党的十八大将生态文明建设纳入中国特色社会主义"五位一体"总体布局，明确要求"增强生态产品生产能力"。2017年，党的十九大进一步提出"要提供更多优质生态产品以满足人民日益增长的优美生态环境需要"。2018年4月，习近平总书记在深入推动长江经济带发展座谈会上提出"要积极探索推广绿水青山转化为金山银山的路径，选择具备条件的地区开展生态产品价值实现机制试点，探索政府主导、企业和社会各界参与、市场化运作、可持续的生态产品价值实现路径"。随后，他又在全国生态环境保护大会上强调要"加快建立健全以生态价值观念为准则的生态文化体系"。2019年，《关于支持浙江丽水开展生态产品价值实现机制试点的意见》出台，标志着地市级政府在中央支持下开始了生态产品价值实现的专项实践探索，生态产品价值实现开始从政策动议走向政策实践。

在此背景下，湖北省作为长江经济带的重要省份和生态产品丰富地区，积极探索生态产品价值实现机制，努力把绿水青山蕴含的生态产品价值转化为金山银山，具有十分重要的战略意义。一方面，这是湖北省践行绿色发展理念，深入学习贯彻习近平生态文明思想的重要举措；另一方面，推进湖北省生态产品价值实现也是促进长江经济带绿色发展的重要抓手；同时，推进湖北省生态产品价值实现，还能够保护贫困山区生态系统，促进生态产业化，这也是打赢精准扶贫攻坚战的重要途径。

破解生态产品价值实现难题，贵在创新、重在实践。湖北各地高度重视生态文明建设，认真贯彻落实习近平生态文明思想和习近平总书记视察湖北的重要讲话精神，自觉践行"绿水青山就是金山银山"的理念，扎实做好生态修复、环境保护和绿色发展"三篇文章"，积极开展生态产品价值实现路径试点和生态补偿试点工作。下面，我给大家简要介绍一下湖北各地的具体实践情况。

一是建立促进生态产品价值实现的政绩考核机制。比如，武汉市探索建立城市生态系统生产总值（GEP）核算体系，将生态建设折算成 GDP 指标，开展量化评价和考核，将考核结果作为市区党政领导班子和领导干部实绩评价的重要依据。武汉市和鄂州市实施了领导干部自然资源资产离任审计制度。

二是落实促进生态产品价值实现的法治保障机制。比如，武汉市实施生态要素补偿制度，开展了森林生态效益补偿、湿地生态补偿、水质考核和生态补偿、基本生态控制线区域生态补偿等实践。鄂州市以湖北省首批自然资源资产负债表和领导干部自然资源资产离任审计试点为契机，推行生态价值核算制度，实施"生态价值工程"，在生态价值计量、生态补偿、生态资产融资、生态价值目标考核等方面开展制度设计和实践探索，取得了良好成效。

三是构建促进生态产品价值实现的市场化机制。主要有排污权交易机制、碳排放权交易机制、用水权交易机制、用能权交易机制以及健全绿色平台交易机制等途径。

四是探索生态产品保护与开发良性互动机制。其一，生态旅游开发。比如，宜昌市夷陵区打造跨区域的生态文化旅游工程；恩施州依托丰富的旅游资源、独有的山水风光、独厚的养生环境、独特的民族文化，着力推进旅游与农业、文化、交通、康养、航空等产业融合发展；黄冈市通过发展健康文旅产业，擦亮"红色名片"、促进资源整合、建设特色小镇，实现乡村振兴；荆州市积极探索湖泊生态文化开发模式，统筹开展长湖环境综合整治，深挖文化、旅游、生态三者融合的潜能，建设纪南文旅区等。其二，发展绿色生态产业。比如，恩施州利用当地丰富的硒资源、中药材资源和能源资源，发展壮大硒食品精深加工业、生物医药产业、清洁能源产业等。其三，形成了一些具有代表性的生态经济脱贫模式。比如，黄冈市依托生态资源布局健康产业、文化产业、动态颐养产业、中医药产业、农副产品产业，实现产业扶贫；神农架林区走上以生态保护带动旅游产业、以旅游产业促进生态保护的可持续发展道路，全面推进林区经济、社会与生态环境协调发展。

五是健全生态产品价值实现的产业发展机制。第一种产业发展机制是发展生态循环农业，比如，十堰市郧阳区创新性地形成"资源—产品—废弃物—再生资源"的循环农业方式，神农架林区推广生态种养技术和观光生态农业等模式，潜江市开展"虾稻共作"模式等。第二种产业发展机制是发展生态加工业，比如，潜江从小龙虾废弃物中挖掘出甲壳素大产业；谷城县在创建国家循环经济示范县的过程中，依托龙头企业大力发展循环工业。第三种产业发展机制是发展生态循环服务业，例如，荆门市通过技术创新，加快发展电子商务，改造提升传统服务业，升级现代服务业，将再生资源回收利用培育成新兴产业，全面探索发展生态循环服务业。第四种产业发展机制是生产高附加值生态产品，比如，黄冈市一直秉承生态优先的理念，做精做细特色资源的精深加工，生产高附加值生态产品，避免原材料的浪费和环境污染。

六是完善生态产品价值实现的绿色金融支持机制。一方面，通过制定相关制度文件来加大绿色金融创新力度，改进完善绿色金融服务，构建具有湖北特色的绿色金融体系；另一方面，不断实施自然资源资产金融化，比如，鄂州市扩大农村"五权"抵押融资规模，探索开展生态资产收益权转让融资，创新生态资产融资模式；郧阳区推广循环经济、节水减排项目收益权、特许经营权、排污权等质押融资担保；开发环境保险产品，鼓励涉重金属等环境高风险行业投保环境污染责任保险；支持环保企业上市融资，发行企业债券和中小企业集合债券、公司债、中期票据等债务融资工具，培育发展融资租赁业务，引入低成本外资。

七是创新促进生态产品价值实现的行政管理体制机制。主要是建立国家公园体制机制和建设"零工业"生态新区。比如，神农架建立了国家公园体制机制，在保护自然文化遗产原真性和完整性的前提下，积极探索国家公园保护、建设和管理的有效模式。荆门利用漳河水库这一最富集的生态资源，秉承建设"零工业"生态新城、宜居新城的理念，建立我国水陆两栖飞机研发基地，培育开发漳河生态文化旅游。鄂州市在梁子湖区全面淘汰落后和过剩工业产能，主动退垸还湖，重点发展有机农业和生态旅游等。

湖北省在探索实施生态产品价值实现机制的过程中也面临一些来自技术、人才、制度、机制等方面的问题，主要体现在以下几个方面。

一是政绩考核机制落实难。表现在城市生态系统生产总值核算难、领导干部自然资源资产离任审计难等。

二是法治保障机制不完善。如全国生态产品目录、自然资源资产核算体系等尚未建立，使得生态产品价值核算困难，生态产品价格难以评估。

三是由于各地在排污、排放总量方面控制不严格，存在统一的生态产权交易市场体系尚未形成、生态补偿力度不够、补偿期限太短等问题，生态产品价值实现的市场化程度仍然较低。

四是生态产业开发不当。一方面表现为由于自然资源资产产权不清晰，影响自然资源的合理开发和使用，容易产生"公地悲剧"；另一方面表现为生态产业化过度化，容易破坏生态产品的持续性生产，造成生态系统和环境破坏。

五是生态产品价值实现的技术水平有待提高。主要是缺乏生态产业升级的前沿技术以及生态产业价值实现的专业人才。

六是某些地区仍然存在绿色金融的供需矛盾，绿色金融发展的部门协调性不足，绿色金融支持力度有待加大。

七是生态资源往往分布较为分散，涉及多部门管理问题，区域之间的联合性较低，而且生态产品价值实现的过程以政府为主导，市场化作用不足，因此，生态产品价值实现的体制机制有待健全。

最后，为完善湖北省生态产品价值实现机制，畅通"两山"转化的路径，我们提出以下对策建议。

一是完善生态产品价值核算的体制机制，主要包括创新生态产品价值实现的技术条件、全面推进自然资源资产确权、科学实施自然资源资产计量、全面推进 GEP 核算。

二是强化生态产品价值实现的市场化作用，具体包括完善生态补偿制度、建立生态产品交易市场、探索生态资源资本化机制、鼓励生态产业化发展。

三是健全生态产品价值实现的制度保障，主要措施是完善自然资源产权制度改革、完善生态产品补偿和交易的政策法律、建立支持生态产品价值实现的产业政策体系、建立绿色金融支撑体系、健全生态产品价值实现的科技支撑机制、完善生态产品价值实现监管机制。

以上就是我们成果的主要内容，请各位专家老师批评指正。

长江经济带系列丛书新书发布会

主持人：秦尊文
（长江经济带高质量发展智库联盟秘书长、
长江经济带发展战略研究院执行院长）

接下来我们进行新书发布仪式，由李浩教授和田野博士来讲一下他们出版的新书。

李　浩　长江经济带高质量发展智库联盟常务副秘书长、教授

在这里非常荣幸能把我在秦尊文院长的指导下写的一本新书给大家做一个简要介绍，这本书的名字是《长江流域生态补偿机制研究》。之所以会研究这个问题，是因为我在博士阶段专门研究过水文、水资源，从而认识到水是生态和环境服务功能的主要载体，但是我发现水资源具有流动性、连续性和整体性的特点，因此水资源的生态和环境服务功能具有强烈的外部性，这体现为在开发利用水资源的过程中，会导致流域水量和水质产生时间和空间上的变化，进而导致生态保护或者环境恢复的成本增加，生态服务价值的损失，以及发展机会的损失。因此，以流域为整体边界、以行政区域为主体开展生态补偿研究就显得非常重要。这本书主要选取了我在长江科学院工作阶段开展的两个主要项目（黄柏河流域和湘江流域的生态补偿）作为典型案例，从解决流域开发利用与保护中遇到的实际问题出发，运用生态补偿的方法，创新性地提出相应的解决方案，从而为在该领域开展相关理论研究和政策制定的相关部门和专家提供一定的参考。黄柏河流域存在磷矿开采对水环境造成破坏，经济发展与水资源保护之间存在矛盾，以及流域综合管理能力不足等问题。我们系统梳理了黄柏河流域失态关系，将生态补偿进一步细解为水源地生态补偿、矿企退出生态补偿、流域水环境生态补偿三大任务，并分别提出以补偿主课题、补偿标准方式、补偿资金筹措和使用为主要内容的实施方案，配合相关方案提出了黄柏河流域生态关系、协调以及相关法规和制度建设方面的建议，最后我们还以生态补偿为视角，提出构建黄柏河流域水资源综合保护管理体系。湘江流域生态补偿有以下几个主要要求：提高高度城市化地区的城市品质需要生态补偿，湘江流域公共矿区修复需要生态补偿资金来保障，流域水环境整体治理需要生态补偿措施作为补充，重点生态敏感区需要以生态补偿为措施主导。我们采用SWOT分析方法，总结了湘江流域生态补偿现状与不足、机遇与挑战，并提出以下解决框架：第一，整合湘江流域机构能力与职责，完善生态补偿方式；第二，完善湘江流域主要目标和分层目标；第三，完善湘江流域生态补偿实施原则；第四，重点开展农业生态补偿，创新生态补偿服务模式，充分发挥市场机制在生态补偿中的作用。同时我们还设计了一个比较完整的框架，构建湘江流域生态补偿基金。这就是该书的主要内容，谢谢秦尊文院长。

主持人：

好，下面请田野博士介绍新书。

田　野　湖北经济学院长江经济带发展战略研究院讲师、博士

本书在全面梳理长江经济带交通基础设施发展现状的基础上，对2014—2019年长江经济带交通基础设施的内部结构、空间形态、通达功能等进行了系统挖掘，并在此基础上解析了交通基础设施演进对于不同类型、不同区域、不同等级城市交通联系网络形成和演化的影响以及不同情景下的网络韧性模拟，揭示了长江经济带交通基础设施演进对于地区城市联系能力、联系强度以及等级结构的影响效应。之后，在系统回顾梳理主要发达国家交通基础设施建设先进经验的基础上，结合本书研究成果提出了长江经济带交通基础设施建设的发展路径。

主持人：

刚才李浩教授和田野博士分别介绍了他们的新书，前面还有六本是2019年和2020年出版的，分别是《长江经济带区域协调发展研究》《长江经济带城镇化发展研究》《长江经济带文化发展研究》《长江经济带政府间合作机制研究》《长江经济带共建绿色转型研究》《长江经济带农业转型发展研究》。这套书的出版在社会上引起了比较大的反响，获得了武汉市社会科学院评选的一些奖项，得到了国家部委领导的高度肯定，相关研究机构将这套书作为研究规划、研究课题的重要参考资料。今后我们会将这套书

继续编下去，2022 年至少会出版两本新书，一本是《国家长江经济带绿色发展试点示范城市研究》，另一本是《长江经济带公园城市建设研究》。本次新书发布会实际上是对长江经济带系列丛书做一下介绍，同时湖北经济学院财经高等研究院、长江经济带发展战略研究院每年都会将长江经济带发展战略论坛的成果汇编成册出版出来，例如，《长江经济带与中国经济发展（2018）》是第一届长江经济带发展战略论坛的成果汇编，《长江经济带与中国经济发展》是第二届长江经济带发展战略论坛的成果汇编，《长江经济带与中国经济发展（2020）》是第三届长江经济带发展战略论坛的成果汇编。今天各位专家都做了发言，我们也将进行整理，等各位演讲嘉宾确认后将汇编成册，出版为《长江经济带与中国经济发展（2021）》，今后我们每年都会推出丛书和论坛报告。新书发布会就进行到这里，今天的会议议程到此结束。

会议闭幕式

秦尊文　长江经济带高质量发展智库联盟秘书长、
　　　　湖北经济学院长江经济带发展战略研究院执行院长

　　我们用整整一天时间举办了第四届长江经济带发展战略论坛。今天上午，湖北省政协副主席郭跃进同志，省教育厅党组成员周启红同志，推动长江经济带发展和生态保护领导小组办公室副主任常贤波同志，共同主办方长江日报报业集团党委书记陈光，湖北经济学院党委书记、财经高等研究院院长田国强先生，一一进行了致辞，还举行了长江经济带高质量发展智库联盟与长江网签约仪式，下一步双方将开展深度合作，使我们的智力成果得到更有效的推广，共同推动长江经济带事业发展。另外，我们还进行了长江经济带数据中心发布仪式，今后其将为各位智库工作者和广大高校院士、教师提供相关服务。

　　今天上午还进行了主旨演讲，张来武教授、范恒山秘书长、刘耀彬院长、陈诗一书记、文传浩教授、张学良教授、罗黎平教授都就论坛主题进行了深刻的演讲。今天下午，我们进行了长江经济带发展论坛专题讨论。宋德勇院长、蔡学良博士、罗静院长、邓宏兵主任、彭智敏研究员、赵旭院长、孙永平院长以及付晨玉博士，各自发表了他们对于长江经济带高质量发展的建议。总体来看，第四届长江经济带发展战略论坛办得非常有特色、有意义，尤其是引入了新的力量，包括新闻媒体、相关的科技公司，特别是长江日报、长江网的加盟。这符合新闻工作要为党和国家工作大局服务的要求，也使得今后我们对于长江经济带的研究有了高端媒体的加持，成果转化将进一步加速，社会影响力将进一步扩大。需要特别提出的是，2022年将召开党的二十大，长江经济带高质量发展智库联盟的理事单位和学术工作者，将以习近平新时代中国特色主义思想为指导，严格按照"要把论文写在祖国大地上"的要求，把科研成果写在长江流域的大地上，通过扎实的工作做好长江经济带发展研究，以新的成绩迎接党的二十大召开。第五届长江经济带发展战略论坛将会在党的二十大闭幕后召开，到时候欢迎大家参会。那个时候，我们希望会议是在线下举行的，欢迎各位到湖北经济学院来，大家共聚一堂，共话长江经济带高质量发展。期待明年的论坛，今天的会议到此结束。谢谢大家！

特邀嘉宾名单

郭跃进	全国政协常委、湖北省政协副主席、民建湖北省委会主委
张来武	科技部原副部长、中国软科学研究会理事长
范恒山	著名经济学家、国家发展改革委原副秘书长
周启红	湖北省教育厅党组成员、副厅长（正厅级）
常贤波	湖北省推动长江经济带发展和生态保护领导小组办公室副主任
刘耀彬	南昌大学党委常委、副校长、教授
陈诗一	安徽大学党委副书记、常务副校长、教授
陈　光	长江日报报业集团党委书记、社长、董事长、总编辑
张学良	上海财经大学长三角与长江经济带发展研究院执行院长、教授
文传浩	云南大学经济学院教授
罗黎平	湖南省社会科学院区域经济与绿色发展研究所所长、研究员
宋德勇	华中科技大学经济学院副院长、教授
蔡学良	亚洲开发银行项目官员、博士
罗　静	华中师范大学湖北高质量发展研究院院长、教授
邓宏兵	中国地质大学（武汉）区域经济与投资环境研究中心主任、教授
彭智敏	湖北省人民政府参事、湖北省社会科学院研究员
赵　旭	三峡大学经济与管理学院副院长、教授
杨文平	长江日报报业集团长江网总编辑
雷　雨	长江日报报业集团长江网副总编辑
曾　祥	长江科学院农水所教授级高工
崔凯龙	深圳希施玛数据科技有限公司高级副总经理

下　篇

发展清洁能源能减少中国的 CO_2 排放吗？

——基于空间杜宾模型的实证分析

陈　洋[①]　邵　帅[②]　范美婷[③]　田志华[④]　杨莉莉[⑤]

摘　要：随着对全球气候变化问题的日益关注，发展清洁能源被视为缓解 CO_2 排放最重要的措施之一。然而，现有研究很少关注清洁能源发展对 CO_2 排放的空间溢出效应。利用 1997—2017 年省级面板数据和空间杜宾模型，本文首次研究了中国清洁能源发展对 CO_2 排放的影响。研究结果表明，本地区清洁能源发展在促降本地区 CO_2 排放的同时，却促增了空间相关地区 CO_2 排放。异质性分析结果表明，2013—2017 年，在电力贫乏地区和低碳试点地区，本地区清洁能源发展的本地区 CO_2 减排效应更大，但是空间关联地区清洁能源发展对电力贫乏地区和低碳试点地区 CO_2 减排更具长期不利影响。机制分析结果表明，本地区因清洁能源发展而节省的化石能源会流入空间相关区域，进而挤出这些区域的清洁能源消费。因此，CO_2 转移效应会部分削弱发展清洁能源以实现 CO_2 减排政策的整体有效性。本文为理解清洁能源发展对 CO_2 减排的双重影响提供了一个新颖的视角，并为推进国内区域间的 CO_2 减排合作提供了政策依据。

关键词：清洁能源发展；CO_2 减排；CO_2 转移效应；空间杜宾模型

---

①　作者单位为湖北经济学院财经高等研究院。

②　作者单位为华东理工大学商学院。

③　作者单位为上海财经大学城市与区域科学学院、财经研究所。

④　作者单位为浙江工业大学经济学院。

⑤　作者单位为上海立信会计金融学院国际经贸学院。

1. 引言

温室气体（GHG）排放加剧引致全球变暖已成为国际普遍关注的问题（Francey 等，2013；Zhang 和 Da，2015）。如果人类不采取有效行动限制全球变暖，整个世界将面临环境灾难（DeCanio，2009；Reddy 和 Assenza，2009；Apergis 等，2010；Menyah 和 Wolde Rufael，2010；Zhang 和 Da，2015；Chen 等，2018；Mogomotsi 等，2018；Charfeddine 和 Kahia，2019）。作为全球变暖的主要驱动力，CO_2 排放占温室效应的 60% 以上（Ozturk 和 Acaravci，2010；Chen 等，2018）。根据联合国政府间气候变化专门委员会（IPCC）发布的第五次评估报告（AR5），从 1970 年到 2010 年，CO_2 排放占温室气体排放总量的 78%（IPCC，2014）。因此，控制全球变暖在很大程度上依赖于减少 CO_2 排放。

燃烧化石燃料是驱使 CO_2 排放激增的重要动力之一（Balsalobre-Lorente 等，2018）。根据 AR5，2010 年，与化石燃料相关的 CO_2 排放量高达 32Gt，占当年温室气体排放总量的近 65%（IPCC，2014）。一些研究指出，化石燃料燃烧贡献了全球 CO_2 排放量的 90%（Balsalobre-Lorente 等，2018；Radmehr 等，2021）。为了减少 CO_2 排放以应对全球变暖问题，发展清洁能源的呼吁日益声高，即主张发展无 CO_2 的非碳水化合物能源（Lee，2013；Cai 等，2018），如水电、风能、太阳能和核能。清洁能源已被视为化石燃料的重要能源替代品（Chiu 和 Chang，2009；Apergis 等，2010；AlFarra 和 Abu Hijleh，2012；Apergis 和 Payne，2012；Dogan 和 Seker，2016；Cai 等，2018；Charfeddine 和 Kahia，2019）。

对全球气候变化和能源安全的日益关注迫使清洁能源成为增长最快的世界能源（Apergis 和 Payne，2012；Balsalobre-Lorente 等，2018；Chen 等，2019）。根据美国能源信息管理局 2012 年的预测，到 2035 年，可再生能源将占总能源消耗的 14%（Balsalobre-Lorente 等，2018）。为减少 CO_2 排放，欧盟计划到 2030 年将可再生能源的份额提高到 32%（Radmehr 等，2021）。由于清洁能源主要通过转化为电力使用（Wang，2015），因此，全球可再生发电快速增长（Apergis 和 Payne，2012）。根据 2020 年英国石油公司（British Petroleum，BP）的数据，2019 年，尽管煤炭仍然是世界上的主要发电能源，但清洁能源发电（包括水力发电、太阳能发电、风力发电和核能发电）已占总能源消耗的 36.3%。

　　作为全球最大的 CO_2 排放国和主要能源消费国，中国在全球 CO_2 减排中发挥着至关重要的作用（Guan 等，2018）。根据 BP 的数据，2019 年，中国 CO_2 排放量占全球的 28.8%，一次能源消耗量占全球的 24.3%。尽管中国在改善能源消费结构方面取得了显著进展，但煤炭仍是主要能源，占 2019 年能源消费总量的 57.6%。煤炭主导的能源消费结构导致中国 CO_2 排放水平较高。

　　值得关注的是，中国政府始终积极承担 CO_2 减排责任，承诺在 2030 年以前实现 CO_2 排放达峰，届时非化石能源占一次能源消费总量的比例将提升至 25%；在 2060 年以前实现碳中和，届时非化石能源消费占比将达到 80%。在"十二五"规划中，中国设定了非化石能源占一次能源消费总量的 11.4% 和单位 GDP 的 CO_2 排放量减少 17% 的约束性目标。在"十三五"规划中，对应的约束目标分别进一步调整为 15% 和 18%。在"十四五"规划中，中国提出将单位 GDP 的 CO_2 排放量进一步减少 18%。为了实现 CO_2 减排和清洁能源发展的目标，20 年来中国的清洁能源发电量快速增长。然而，中国的 CO_2 排放量却没有显著下降（见图 1）。

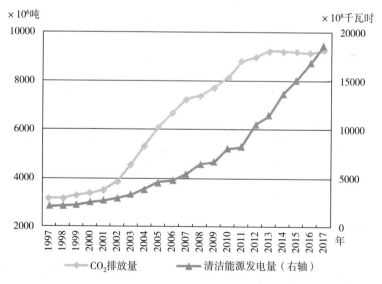

图 1　中国 CO_2 排放和清洁能源发电的趋势

（资料来源：CO_2 排放数据来自 BP *Statistical Review of World Energy*，清洁能源发电数据由作者根据《中国水力发电年鉴》和《中国电力年鉴》中的原始数据计算而得）

　　事实上，发展清洁能源能否实现环境收益存在一定的争议。从能源替代的角度来看，发展清洁能源有利于减少 CO_2 排放（Adamantiades 和 Kessides，2009；Chiu 和 Chang，2009；Apergis 等，2010；AlFarra 和 Abu Hijleh，2012；Apergis 和 Payne，2012；Dogan 和 Seker，2016；Cai 等，2018；Charfeddine 和 Kahia，2019）。然而，现有研究也发现发展清洁能源对环境存在一些潜在的负面影响。例如，Jarke 和 Perino（2017）从理论上证明，如果由电力税提供补贴资金，可再生能源补贴可能会由于行业间碳泄漏效应而增加 CO_2 排放。Balsalobre-Lorente 等（2018）认为，可再生能源电力可能会对经济增长产生积极影响，刺激包括化石能源在内的能源需求，导致 CO_2 排放增加。还有一些研究表明，采用太阳能电池板降低了平均电价，引发电力消费的回弹效应（Deng 和 Newton，2017；Qiu 等，2019）。因此，这些回弹效应的存在降低了太阳能电池板的潜在环境效益（Deng 和 Newton，2017；Qiu 等，2019）。

需要强调的是，现有研究大都假设地区间的能源消费是独立的。然而，值得注意的是，一个地区的能源，特别是电力，其生产和消费可能会对其他地区的能源生产和消费产生重大影响，反之则相反（Shan 等，2018a）。基于地区之间能源生产和消费的独立性假设，进而忽略地区之间能源生产和消费的空间相关性，可能会使相关研究结论存在一些偏差。

具体地，本文贡献体现于以下三个方面。第一，据我们所知，本文首次考查了中国的清洁能源发展对 CO_2 减排的潜在不利影响，有助于更好地了解清洁能源发展及其对中国和其他国家的潜在负面环境影响。第二，我们首次采用空间杜宾模型（SDM）来识别地方清洁能源发展对 CO_2 减排的空间溢出效应，弥补了现有研究中忽略区域间能源生产和消费的相关性而导致的潜在偏差估计结果。第三，本文为理解清洁能源发展对 CO_2 减排的潜在不利影响提供了一个新的视角。由于当地清洁能源替代的化石能源可能会流入其他地区，并排挤其他地区的清洁能源消费，清洁能源发展可能在促进当地 CO_2 减排的同时，不利于其他地区的 CO_2 减排，因此，在发展清洁能源时应注意 CO_2 转移效应。

本文的其余部分如下：第二部分为模型设定和数据介绍；第三部分为回归结果讨论与稳健性检验；第四部分为异质性分析；第五部分为机制分析；第六部分为总结性评述。

2. 模型设定与数据说明

2.1 模型设定

根据 Shahnazi 和 Shabani（2021），由于地区间存在供应链效应、污染避难所效应以及竞争和模仿效应，CO_2 排放存在空间溢出。一般而言，能源生产和消费在各地区之间并不独立，中国电力生产和消费更是如此。根据中国电力企业联合会发布的《中国电力行业年度发展报告》，2020 年，中国跨省输电量达到 10433 亿千瓦时。因此，一个地区的清洁能源发电份额变化可能会影响其他地区的能源消耗和 CO_2 排放。本文采用能捕捉这种空间溢出效应的空间计量模型考察当地清洁能源发展对其他地区的潜在影响。根据 LeSage 和 Pace（2009）以及 Elhorst（2014），SDM 比空间自回归（SAR）模型和空间误差模型（SEM）更容易被接受，因此应优先进行实证分析。SDM 在特定情形下可以转化为 SAR 或 SEM，因而成为空间经济计量分析的一般起点（LeSage 和 Pace，2009）。与 LeSage 和 Pace（2009）以及 Wang 等（2018）一样，我们构建基线回归模型如下：

$$CE_{it} = \alpha_0 + \rho WCE_{it} + \alpha_1 clean_{it} + \beta_1 X_{it} + \alpha_2 Wclean_{it} + \beta_2 WX_{it} + \mu_i + \varphi_t + \varepsilon_{it}$$
$$(1)$$

其中，下标 i 和 t 分别表示省级地区（以下简称省）和年份；变量 CE 代表 CO_2 排放量；$clean$ 代表清洁能源发展水平，以清洁能源发电量在总发电量中所占的份额衡量；X 代表一系列控制变量；W 代表空间权重矩阵，WCE、$Wclean$ 和 WX 分别是 CE、$clean$ 和 X 的空间滞后项；μ 是用于控制省级异质性的省级固定效应；φ 为年份固定效应；ε 是随机误差项；α_0、α_1、α_2、ρ、β_1 和 β_2 是待估计参数。

2.2 变量选择与指标说明

CE 为因变量，表示 CO_2 排放量。根据 2006 年《IPCC 国家温室气体清单指南》（IPCC，2006）第二卷中提出的方法，并结合我国政府发布的省级温室气体清单准则中发布的相关参数予以估算。鉴于数据可用性，同时与现有研究保持一致（Shao，2011；Wang，2020），本文考虑了 17 种化石燃料，包括原煤、精煤、其他洗煤、煤块、焦炭、焦炉气、其他气体、其他焦化产品、原油、汽油、煤油、柴油、燃料油、液化石油气、炼厂气、其他石油产品和天然气。考虑到计算 CO_2 排放量时参数选择的差异，我们还使用 Shan 等（2018b）发布的 CO_2 排放数据，构造 $CE2$ 变量，对本文相关回归结果予以稳健性检验。此外，为了在第五部分中讨论清洁能源发展对 CO_2 减排的影响机制，我们还分别采用了单位 GDP 的 CO_2 排放量（GCE）和煤炭消费量（$coal$）作为因变量。

$clean$ 表征地区清洁能源发展水平，使用清洁能源发电量占总发电量的比例予以衡量。在本研究中，清洁能源包括水能、太阳能、风能和核能。考虑到与其他类型的清洁能源相比，核能可能在 CO_2 减排方面发挥着不同的作用（Apergis 等，2010），我们通过将核能排除在清洁能源之外来构建另一个代理变量 $clean2$，以进行稳健性检查。

此外，式（1）中考虑的控制变量（X）如下。

（1）人口密度（PD），使用单位面积的人口数予以衡量。一方面，人口密度增加可能会导致消费需求增加，这可能会提高生产规模（Shao 等，2017），消费和生产的规模效应将促进 CO_2 排放。另一方面，人口集聚可以通过分享技术和知识来提高生产率（Melo 和 Graham，2014；Almeida 和 Rocha，2018），这种聚集效应带来的生产率提高，有利于减少 CO_2 排放。因此，人口密度对 CO_2 排放的影响方向并不确定。

（2）经济发展水平（$PGDP$），使用 2000 年不变价格的人均 GDP 予以衡量。环境库兹涅茨曲线（EKC）假说表明经济发展与环境质量之间存在 U 形曲线关系（Grossman 和 Krueger，1995）。为了验证 EKC 假设，我们将 $PGDP$ 及其二次项一并引入回归模型中。

（3）能源强度（EI），使用 2000 年不变价格的单位 GDP 能源消耗予以衡量。值得注意的是，化石能源消耗是 CO_2 排放的主要来源之一。较高的能源强度意味着在相同的产出水平下更多的 CO_2 排放。因此，我们预期 EI 的回归系数为正。

（4）技术创新水平（TI），采用研发（R&D）员工与总人口的比率予以衡量。一般而言，技术在节能和减少污染物排放方面是一把"双刃剑"（Shao 等，2016；Zhang 等，2018；Shao 等，2019）。一方面，更高水平的技术创新有助于促进节能减排技术的研发，从而在限制污染物和 CO_2 排放方面发挥至关重要的作用。另一方面，技术创新所带来的技术进步具有"偏向性"（Acemoglu，2002；Zhang 等，2018），如果技术创新活动朝着促进传统要素生产率而非绿色技术进步的方向进行，技术创新所带来的生产率提高将导致生产规模扩大从而增加 CO_2 排放量（Shao 等，2016；Shao 等，2019）。因此，技术创新对 CO_2 排放的影响方向并不确定。

（5）对外直接投资（*FDI*），采用外商直接投资占 GDP 的比例予以衡量。对外投资的环境效应存在两种截然不同的假说，即污染避难所假说和污染晕轮假说（Xu 等，2021）。一方面，污染避难所假说认为，外资污染密集型企业总是寻求环境法规薄弱的地区投资，以规避高昂的环境合规成本，进而导致东道国的高污染水平（Copeland 和 Taylor，2004）。另一方面，污染晕轮假说表明，具有较高环境标准的外商投资会改善东道国的环境质量（Albornoz 等，2009）。因此，对外直接投资对 CO_2 排放的影响方向也是不确定的。

（6）市场化程度（*MD*），采用非国有员工占员工总数的比例予以衡量。一般来说，市场化通过促进生产要素的自由流动，有助于提高资源配置效率和生产效率。如果污染行业具有比较优势，市场化程度的提高将使经济资源优先分配给污染行业，并对二氧化碳排放产生不利影响，反之则相反（Bourgeon 和 Ollivier，2012）。因此，市场化程度对 CO_2 排放的影响方向也不确定。

2.3　空间矩阵

SDM 使用空间权重矩阵引入空间滞后项，以捕捉变量的空间相关性（LeSage 和 Pace，2009；Jia 等，2021）。因此，空间权重矩阵的选择对于估计结果的准确性非常重要。为了准确反映空间溢出效应并确保实证结果的稳健性，本文构建了各种形式的空间权重矩阵，具体如下。

（1）地理距离加权矩阵（W1）。考虑到地理距离是电力传输和消费的重要影响因素，区域间距离越远，电力传输的可能性越低，区域间清洁能源发展对环境的影响越小。因此，我们使用省会城市之间的地理距离（*d*）构建地理距离加权矩阵。W1 的元素设置如下：

$$W_{ij}^1 = \begin{cases} 1/d_{ij}, & i \neq j \\ 0, & i = j \end{cases} \tag{2}$$

其中，d_{ij} 是指 i 省和 j 省之间省会城市的地理距离。

（2）经济和距离加权的非对称矩阵（W2 和 W3）。对称空间权重矩阵是现有文献中最常用的矩阵之一。然而，对称矩阵不能反映区域之间存在不平等空间联系的现实（LeSage 和 Pace，2009）。例如，与经济欠发达地区相比，经济发达地区通常具有更强的经济辐射力，从而显示出更强的空间影响力。同时，仅由地理距离或经济差异构建的权重矩阵在正确反映跨区域复杂联系方面受到限制。为了更高的准确性和更接近现实，我们通过整合地理和经济因素构建了经济和距离加权的非对称矩阵。在区域之间距离一定的条件下，经济发展水平高的区域对经济发展水平低的区域表现出更强的空间影响；在区域之间经济水平一定的条件下，距离越远，区域之间的空间关联越弱。参考 Parent 和 LeSage（2008），W2 和 W3 的元素构造如下：

$$W_{ij}^2 = \begin{cases} \dfrac{1}{d_{ij}} \dfrac{perGDP_j}{perGDP_i}, & i \neq j \\ 0, & i = j \end{cases} \tag{3}$$

$$W_{ij}^3 = \begin{cases} \dfrac{1}{d_{ij}} \left(\dfrac{perGDP_j}{perGDP_i} \right)^{\frac{1}{2}}, & i \neq j \\ 0, & i = j \end{cases} \tag{4}$$

其中，d_{ij} 是指前文提到的 i 省和 j 省之间省会城市的地理距离，$perGDP_k$（$k=i, j$）是样本期内 k 地区的人均 GDP。显然，经济和距离加权的非对称矩阵，即 W2 和 W3，包含更全面的地理和经济因素，能更准确地反映现实，有助于获得更准确的实证结果。

2.4 数据说明

考虑到重庆于 1997 年成为直辖市，我们将研究样本的起始年份定为 1997 年，以消除行政级别调整对实证结果的潜在影响。实际上，在很大程度上，重庆在 1997 年之前缺乏准确的能源消耗统计数据。考虑到我们能够获得的发电数据的最新年份是 2017 年。因此，我们的样本涵盖了 1997—2017 年 30 个省、自治区和直辖市的面板数据。由于缺乏相关数据，我们将西藏、香港、澳门和台湾排除在研究样本之外。原始数据来源于《中国统计年鉴》《中国能源统计年鉴》《中国水力发电年鉴》《中国电力年鉴》《中国科技统计年鉴》以及这些省、自治区和直辖市的统计年鉴。本文涉及价格变量的原始数据均按 2000 年不变价格计算。数据的描述性统计如表 1 所示。

表 1　变量的描述性统计

变量（单位）	观测值	均值	标准差	最小值	最大值
CE（10^6 tons）	630	212.624	167.371	6.599	859.509
$CE2$（10^6 tons）	570	205.219	165.208	7.200	842.200
GCE（10^{-1} kg/yuan）	630	3.508	2.253	0.550	13.814
$coal$（10^4 tons）	630	9990.808	8691.691	138	42942.289

变量（单位）	观测值	均值	标准差	最小值	最大值
clean （%）	630	22.233	22.660	0	91.886
clean2 （%）	630	21.092	22.820	0	91.886
PD （10^4 persons/km^2）	630	1.990	21.167	0.001	276.936
PGDP （yuan/person）	630	19915.737	16181.758	2237.51	98158.703
EI （10^{-4} tce/yuan）	630	1.656	0.941	0.453	5.177
TI （%）	630	0.767	1.527	0.123	13.604
FDI （%）	630	2.761	2.641	0.039	16.462
MD （%）	630	61.559	16.754	20.742	93.037
*period*1 （dummy）	630	0.238	0.426	0	1
*period*2 （dummy）	630	0.524	0.500	0	1
*period*3 （dummy）	630	0.238	0.426	0	1
region （dummy）	630	0.400	0.490	0	1
carbon （dummy）	630	0.300	0.459	0	1

3. 回归结果讨论与稳健性检验

3.1 空间相关性检验

经测算，CO_2 排放量高的省份大多位于我国东部，而清洁能源发电量高的省份位于我国南部。同时，二氧化碳排放、清洁能源发电和煤炭储量之间的空间不匹配。例如，煤炭储量贫乏的广东省清洁能源发电量相对较高，CO_2 排放量较高，而煤炭储量丰富的贵州省清洁能源发电量相对较高且 CO_2 排放量较低。表 2 和图 A.3 报告了基于全局莫兰指数的 CO_2 排放空间相关性检验结果。如表 2 所示，全局莫兰指数在大多数年份都显著为正，表明各省之间存在正的 CO_2 排放空间自相关，即 CO_2 排放量呈现高高集聚和低低集聚。

表 2　被解释变量 *CE* 的全局莫兰指数检验

年份	1997	1998	1999	2000	2001	2002	2003
W1	0.060***	0.052**	0.059***	0.055**	0.073***	0.071***	0.057***
	(2.650)	(2.411)	(2.628)	(2.499)	(3.002)	(2.971)	(2.600)

续表

年份	1997	1998	1999	2000	2001	2002	2003
W2	0.014	0.008	0.011	0.005	0.024*	0.025*	0.018
	(1.402)	(1.212)	(1.308)	(1.128)	(1.689)	(1.718)	(1.516)
W3	0.035**	0.027*	0.034**	0.028*	0.048**	0.047**	0.037**
	(1.990)	(1.773)	(1.965)	(1.821)	(2.385)	(2.374)	(2.070)
年份	2004	2005	2006	2007	2008	2009	2010
W1	0.059***	0.047**	0.048**	0.048**	0.050**	0.043**	0.044**
	(2.618)	(2.359)	(2.378)	(2.385)	(2.426)	(2.229)	(2.253)
W2	0.019	0.017	0.018	0.021	0.023*	0.016	0.018
	(1.551)	(1.502)	(1.541)	(1.617)	(1.672)	(1.463)	(1.536)
W3	0.038**	0.030*	0.032**	0.033**	0.035**	0.028*	0.030*
	(2.110)	(1.931)	(1.959)	(1.997)	(2.047)	(1.831)	(1.888)
年份	2011	2012	2013	2014	2015	2016	2017
W1	0.043**	0.042**	0.048**	0.044**	0.040**	0.040**	0.036**
	(2.212)	(2.193)	(2.329)	(2.221)	(2.130)	(2.111)	(1.986)
W2	0.019	0.020	0.023*	0.020	0.016	0.015	0.010
	(1.545)	(1.577)	(1.674)	(1.571)	(1.457)	(1.429)	(1.285)
W3	0.030*	0.030*	0.034**	0.030*	0.027*	0.026*	0.022*
	(1.875)	(1.878)	(2.003)	(1.897)	(1.795)	(1.782)	(1.647)

注：括号内为系数的 t 值；*、**、和*** 表明系数分别在 10%、5% 和 1% 的水平上显著。

3.2 回归结果与讨论

式（1）因包含因变量的空间滞后项，基于普通最小二乘法（OLS）的估计结果不一致。因此，现有研究通常采用最大似然法（MLE）来估计空间杜宾模型（LeSage 和 Pace，2009）。我们也使用最大似然法估计来估计式（1）。为了进行比较，我们还报告了非空间固定效应（FE）模型的估计结果。

表 3 中的模型（1）显示了 FE 模型的估计结果。结果表明，增加清洁能源发电在总发电量中的份额可以减少 CO_2 排放。清洁能源发电份额增加 1%，二氧化碳排放量减少 0.52%。然而，非空间面板回归忽略了区域之间的空间相关性。

表3 基于 FE 模型和 SDM 式（1）的估计结果

变量	lnCE			
	（1）	（2）	（3）	（4）
	FE	SDM（W1）	SDM（W2）	SDM（W3）
clean	−0.0052***	−0.0061***	−0.0066***	−0.0063***
	（0.0010）	（0.0010）	（0.0010）	（0.0010）
PD	0.0005*	0.0008***	0.0007**	0.0008***
	（0.0003）	（0.0003）	（0.0003）	（0.0003）
lnPGDP	1.9810***	2.3413***	2.6055***	2.4809***
	（0.2347）	（0.2822）	（0.2725）	（0.2785）
（lnPGDP）^2	−0.0678***	−0.0935***	−0.1069***	−0.1012***
	（0.0124）	（0.0146）	（0.0143）	（0.0145）
EI	0.2880***	0.3221***	0.3375***	0.3318***
	（0.0218）	（0.0210）	（0.0201）	（0.0203）
TI	0.0216	0.0168	0.0082	0.0104
	（0.0159）	（0.0151）	（0.0149）	（0.0150）
FDI	−0.0069	−0.0080*	−0.0075*	−0.0075*
	（0.0043）	（0.0043）	（0.0043）	（0.0043）
MD	0.0030*	0.0053***	0.0048***	0.0051***
	（0.0016）	（0.0015）	（0.0014）	（0.0015）
ρ		−0.1984	−0.2211	−0.2259
		（0.1682）	（0.1806）	（0.1784）
Province effect	Yes	Yes	Yes	Yes
Year effect	Yes	Yes	Yes	Yes
N	630	630	630	630
Within R^2	0.928	0.7281	0.7313	0.7245
Hausman test	22.47	150.27	169.02	170.60
Prob>chi2	0.004	0.000	0.000	0.000
LR test for SAR		85.67	91.39	90.42
Prob>chi2		0.000	0.000	0.000
LR test for SEM		92.44	99.99	100.04
Prob>chi2		0.000	0.000	0.000
Wald test for SAR		90.78	96.05	94.41

续表

变量	lnCE			
	（1）	（2）	（3）	（4）
	FE	SDM（W1）	SDM（W2）	SDM（W3）
Prob>chi2		0.000	0.000	0.000
Wald test for SEM		100.24	107.64	108.21
Prob>chi2		0.000	0.000	0.000

注：括号内为标准误；*、** 和 *** 表明系数分别在 10%、5% 和 1% 的水平上显著；自变量空间滞后项的回归系数见表 A.2。

表 4 中的模型（2）至模型（4）分别为使用空间权重矩阵 W1、W2 和 W3，基于 MLE 方法的空间面板 FE 模型的估计结果。容易发现，尽管我们使用了不同的空间权重矩阵，但所有估计都显示了相似的结果，这表明我们的估计结果是稳健的。Hausman 检验的 Chi 值在 1% 的水平上均显著，表明选择固定效应模型而非随机效应模型是合理的。SDM 与 SAR 和 SDM 与 SEM 的似然比（LR）检验表明，SAR 和 SEM 应在 1% 的显著性水平上被拒绝。同时，Wald 检验拒绝了解释变量的空间滞后和空间滞后相关性不存在的假设。因此，LR 检验和 Wald 检验都充分表明选择 SDM 是适当的。

尽管采用 SDM 估计清洁能源发电对 CO_2 排放的影响更为合理，但值得注意的是，由于存在空间滞后项，表 3 中模型（2）至模型（4）的估计系数不能反映自变量对因变量的边际影响（LeSage 和 Pace，2009；Elhorst，2014）。不同于传统的非空间计量经济模型，空间计量经济模型中的自变量对自身和空间相关区域的因变量具有循环反馈效应。本地区自变量变动对本地区因变量的影响和空间相关区域因变量影响（即空间溢出效应）需要分别采用 SDM 中的直接效应和间接效应予以解释（LeSage 和 Pace，2009；Elhorst，2014）。因此，参考 Elhorst（2014），表 4 报告了与表 3 中模型（2）至模型（4）相对应的每个自变量的直接效应和间接效应。可以发现，表 4 中的所有模型报告了类似的结果，证明了我们估计结果的稳健性。考虑到经济和距离加权的非对称矩阵更准确、更现实地反映了区域之间的复杂联系，我们以表 4 中的模型（4）为基准，对估计结果展开讨论。

直接效应反映了本地区自变量对本地区因变量的边际效应。如模型（4）所示，clean 的回归系数为-0.0066，在 1% 的水平上显著。这意味着当地清洁能源发电份额的增加有助于减少当地 CO_2 排放。具体而言，当地清洁能源发电份额增加 1% 将导致当地 CO_2 排放量减少 0.66%。

表 4　对应表 3 中模型（2）至模型（4）的直接效应与间接效应

变量	lnCE		
	Mode 2	Model 3	Model 4
直接效应			
clean	-0.0063^{***}	-0.0068^{***}	-0.0066^{***}
	(0.0010)	(0.0010)	(0.0010)
PD	0.0008^{***}	0.0006^{**}	0.0007^{**}
	(0.0003)	(0.0003)	(0.0003)
lnPGDP	2.3747^{***}	2.6436^{***}	2.5176^{***}
	(0.2765)	(0.2688)	(0.2743)
(lnPGDP)^2	-0.0941^{***}	-0.1076^{***}	-0.1018^{***}
	(0.0140)	(0.0138)	(0.0139)
EI	0.3257^{***}	0.3412^{***}	0.3357^{***}
	(0.0209)	(0.0203)	(0.0204)
TI	0.0189	0.0104	0.0125
	(0.0149)	(0.0146)	(0.0147)
FDI	-0.0083^{*}	-0.0080^{*}	-0.0079^{*}
	(0.0043)	(0.0043)	(0.0043)
MD	0.0052^{***}	0.0045^{***}	0.0049^{***}
	(0.0015)	(0.0015)	(0.0015)
间接效应			
clean	0.0250^{***}	0.0230^{***}	0.0241^{***}
	(0.0069)	(0.0080)	(0.0074)
PD	0.0048^{**}	0.0096^{**}	0.0065^{**}
	(0.0024)	(0.0045)	(0.0031)
lnPGDP	-0.1115	-0.6323	-0.3793
	(1.0511)	(1.3066)	(1.1394)
(lnPGDP)^2	-0.1150^{*}	-0.1033	-0.1065
	(0.0629)	(0.0791)	(0.0703)
EI	-0.2205	-0.2307	-0.2287
	(0.1366)	(0.2028)	(0.1668)

续表

变量	lnCE		
	Mode 2	Model 3	Model 4
TI	−0.1871**	−0.1929**	−0.1765**
	(0.0727)	(0.0844)	(0.0744)
FDI	0.0013	0.0230	0.0202
	(0.0243)	(0.0217)	(0.0230)
MD	0.0176*	0.0257***	0.0225**
	(0.0093)	(0.0095)	(0.0092)

注：括号内为标准误；*、** 和 *** 表明系数分别在 10%、5% 和 1% 的水平上显著。

控制变量方面，在表 4 的模型（4）中，PD 系数为正，而且在 1% 的水平上显著，表明人口规模效应而不是聚集效应占据主导地位。lnPGDP 的系数为正，其二次项为负，而且二者都至少在 1% 的水平上显著，表明经济发展水平与 CO_2 排放之间存在倒 U 形曲线关系，验证了 EKC 假说。EI 的系数显著为正，证实了我们的预期，即高能源密集型经济生产模式不利于 CO_2 减排。TI 的系数在统计上并不显著，正如前文所述，技术创新是一把"双刃剑"。一方面，技术创新对于减少 CO_2 排放是必要的。另一方面，技术创新也可能会增加 CO_2 排放，毕竟技术进步可能会偏向于传统要素生产率的提高，而不是绿色技术进步（Shao 等，2016；Shao 等，2019）。因此，技术创新对 CO_2 排放量的减排效应并不显著。FDI 显著为负的系数支持污染晕轮假说，表明环境友好的对外直接投资有利于减少 CO_2 排放。Li 和 Lin（2017）指出，高度市场化可以提高要素配置效率，进而对 CO_2 排放具有显著的积极影响，然而，由于中国除煤炭以外的能源价格受到一定程度的监管（Shao 等，2014），其他生产要素的市场化改革并未对节能减排产生显著的促进作用。在这种情况下，市场化改革可能会导致生产率高的要素投入增加，以及能源投入和相应的 CO_2 排放增加。

间接效应也称为空间溢出效应，反映了空间关联地区的自变量对本地区因变量的总体边际效应。如表 4 中的模型（4）所示，clean 的系数为 0.0241，在 1% 的水平上显著。这表明空间关联地区的清洁能源发电份额增加对本地区的 CO_2 减排具有不利影响。具体而言，空间关联地区清洁能源发电份额增加 1% 可导致本地区 CO_2 排放量增加 2.41%。

控制变量方面，PD 的系数为显著为正，表明空间关联地区人口规模效应对本地区的 CO_2 排放呈现空间溢出效应。lnPGDP 的系数及其二次项均统计显著，但除模型（2）外，$\ln PGDP$ 的二次项呈现微弱的负间接效应。这表明，空间相关区域的经济发展水平对本地区的 CO_2 排放量影响不大。EI 的系数为负，但并不显著，这意味着空间关联地区的能源强度变化不会对局部区域产生空间溢出效应。TI 的系数为负，而且在 5% 的水平上显著。这一结果与 Yang 等（2014）的结果一致，表明空间相关区域的技术创新活动对当地具有技术溢出效应，以促进当地节能和 CO_2 减排。根据污染避难所假说，外商总是在环境法规薄弱的地区寻求投资机会。旨在通过削弱环境法规吸引更多外国直接投资的空间关联地区的发展战略对当地产生了不良的示范效应，从而增加了本地区的 CO_2 排放。相反，污染晕轮假说表明，随着更多的外国直接投资，环境标准得到改善。空间关联地区的环境标准改善可能会对本地区产生良好的示范效应，并减少本地区的 CO_2 排放。然而，FDI 的系数在统计上并不显著，这意味着空间相关区域的这两种效应在当地都不占主导地位。MD 的系数在 5% 的水平上显著为正，表明空间相关区域的市场化改革有利于生产要素的自由流动。然而，如前所述，我国能源价格在空间相关区域和局部区域都受到监管。因此，空间相关区域的市场化改革可以提高生产要素的配置效率，这进一步增加了本地区价格相对较低的能源要素的使用，不利于当地的节能减排。

3.3 稳健性分析

一些研究认为，与其他类型的清洁能源相比，核能在减少 CO_2 排放方面发挥了特殊作用（Apergis 等，2010；Sovacol 等，2020）。鉴于此，我们剔除核能进一步构造代理变量 clean2，并重新估计式（1）。表 5 中的模型（1）至模型（3）是分别基于空间权重矩阵 W1、W2 和 W3，并使用 clean2 的回归结果。表 6 中的模型（1）至模型（3）给出了相应的直接效应和间接效应结果。新代理变量的回归结果与表 3 和表 4 所报告的结果十分相似，表明我们的估计结果是稳健的。更进一步地，我们分别使用 W1、W2 和 W3 的空间权重矩阵，将 CE2 作为新的因变量，重新估计式（1），表 5 中的模型（4）至模型（6）报告了相应的回归结果。容易发现，主要结果仍然与表 3 和表 4 所示的结果一致，进一步表明我们的估计结果是稳健的。

表5 （1）式的稳健检验结果

变量	lnCE			lnCE2		
	Model 1	Model 2	Model 3	Model 4	Model 5	Model 6
	W1	W2	W3	W1	W2	W3
clean2	−0.0070***	−0.0076***	−0.0073***			
	(0.0010)	(0.0010)	(0.0010)			
clean				−0.0060***	−0.0061***	−0.0060***
				(0.0010)	(0.0009)	(0.0009)
PD	0.0008***	0.0007***	0.0008***	−0.6275	0.0952	−0.2184
	(0.0003)	(0.0003)	(0.0003)	(0.8478)	(0.9032)	(0.8802)
lnPGDP	2.3316***	2.6069***	2.4728***	2.4165***	2.7664***	2.6029***
	(0.2798)	(0.2714)	(0.2770)	(0.3777)	(0.3835)	(0.3809)
(lnPGDP)^2	−0.0927***	−0.1066***	−0.1004***	−0.0928***	−0.1125***	−0.1033***
	(0.0145)	(0.0143)	(0.0144)	(0.0187)	(0.0192)	(0.0190)
EI	0.3135***	0.3292***	0.3234***	0.2961***	0.3040***	0.2992***
	(0.0210)	(0.0200)	(0.0203)	(0.0204)	(0.0190)	(0.0196)
TI	0.0126	0.0052	0.0065	0.0075	0.0084	0.0074
	(0.0150)	(0.0148)	(0.0149)	(0.0142)	(0.0141)	(0.0141)
FDI	−0.0061	−0.0055	−0.0054	−0.0089**	−0.0099**	−0.0095**
	(0.0043)	(0.0043)	(0.0043)	(0.0041)	(0.0040)	(0.0041)
MD	0.0052***	0.0048***	0.0051***	0.0035**	0.0039***	0.0037***
	(0.0015)	(0.0014)	(0.0015)	(0.0015)	(0.0014)	(0.0014)
ρ	−0.1884	−0.2118	−0.2127	−0.2545	−0.1067	−0.1591
	(0.1672)	(0.1797)	(0.1773)	(0.1799)	(0.1686)	(0.1733)
Province effect	Yes	Yes	Yes	Yes	Yes	Yes
Year effect	Yes	Yes	Yes	Yes	Yes	Yes
N	630	630	630	570	570	570
Within R^2	0.7125	0.7097	0.7073	0.4356	0.2070	0.3278
Hausman test	186.97	164.03	194.72	89.01	101.81	90.07
P−value	0.000	0.000	0.000	0.000	0.000	0.000
Wald test for SAR	99.85	103.37	102.35	42.56	53.11	49.03
Prob>chi2	0.000	0.000	0.000	0.000	0.000	0.000

续表

变量	lnCE			lnCE2		
	Model 1	Model 2	Model 3	Model 4	Model 5	Model 6
	W1	W2	W3	W1	W2	W3
Wald test for SEM	107.83	113.87	115.15	52.03	68.98	61.23
Prob>chi2	0.000	0.000	0.000	0.000	0.000	0.000

注：括号内为标准误；*、**和***表明系数分别在10%、5%和1%的水平上显著；自变量空间滞后项的回归系数见表 A.3。

表6 基于表5回归结果的直接效应和间接效应

变量	lnCE			lnCE2		
	Model 1	Model 2	Model 3	Model 4	Model 5	Model 6
直接效应						
clean2	-0.0072***	-0.0077***	-0.0075***			
	(0.0010)	(0.0011)	(0.0011)			
clean				-0.0062***	-0.0062***	-0.0062***
				(0.0010)	(0.0010)	(0.0010)
PD	0.0008***	0.0007**	0.0007***	-0.7498	0.0391	-0.2938
	(0.0003)	(0.0003)	(0.0003)	(0.7945)	(0.8701)	(0.8414)
lnPGDP	2.3645***	2.6450***	2.5098***	2.4207***	2.7797***	2.6115***
	(0.2737)	(0.2672)	(0.2723)	(0.3615)	(0.3676)	(0.3649)
(lnPGDP)^2	-0.0934***	-0.1075***	-0.1012***	-0.0922***	-0.1130***	-0.1033***
	(0.0138)	(0.0137)	(0.0138)	(0.0177)	(0.0182)	(0.0179)
EI	0.3171***	0.3331***	0.3273***	0.3005***	0.3079***	0.3035***
	(0.0210)	(0.0203)	(0.0205)	(0.0203)	(0.0197)	(0.0198)
TI	0.0145	0.0070	0.0083	0.0092	0.0088	0.0081
	(0.0148)	(0.0145)	(0.0146)	(0.0139)	(0.0137)	(0.0138)
FDI	-0.0064	-0.0061	-0.0059	-0.0091**	-0.0101**	-0.0096**
	(0.0043)	(0.0043)	(0.0043)	(0.0040)	(0.0040)	(0.0040)
MD	0.0051***	0.0046***	0.0049***	0.0034**	0.0039***	0.0036**
	(0.0015)	(0.0015)	(0.0015)	(0.0014)	(0.0014)	(0.0014)

续表

变量	lnCE			lnCE2		
	Model 1	Model 2	Model 3	Model 4	Model 5	Model 6
	间接效应					
clean2	0.0262***	0.0233***	0.0248***			
	(0.0068)	(0.0083)	(0.0076)			
clean				0.0218***	0.0248***	0.0240***
				(0.0061)	(0.0084)	(0.0073)
PD	0.0041*	0.0088**	0.0058*	6.7658	3.1316	4.8278
	(0.0023)	(0.0044)	(0.0030)	(4.9681)	(3.2558)	(3.9334)
lnPGDP	−0.1205	−0.7080	−0.4846	1.1759	1.3070	1.4281
	(1.0608)	(1.3306)	(1.1551)	(1.5270)	(1.7210)	(1.6290)
(lnPGDP)^2	−0.1068*	−0.0866	−0.0920	−0.1317	−0.1468	−0.1504*
	(0.0630)	(0.0787)	(0.0698)	(0.0812)	(0.0919)	(0.0872)
EI	−0.2337*	−0.2642	−0.2459	−0.2494*	−0.5817***	−0.4171**
	(0.1403)	(0.2122)	(0.1757)	(0.1395)	(0.1927)	(0.1656)
TI	−0.1710**	−0.1631*	−0.1557**	−0.1110*	−0.0346	−0.0673
	(0.0730)	(0.0841)	(0.0745)	(0.0632)	(0.0476)	(0.0538)
FDI	0.0079	0.0333	0.0299	−0.0049	−0.0206	−0.0157
	(0.0239)	(0.0216)	(0.0229)	(0.0225)	(0.0194)	(0.0211)
MD	0.0167*	0.0246***	0.0216**	0.0074	0.0137	0.0116
	(0.0092)	(0.0094)	(0.0091)	(0.0087)	(0.0086)	(0.0087)

注：括号内为标准误；*、**和***表明系数分别在10%、5%和1%的水平上显著。

　　空间相关区域的清洁能源发展可能会对本地区的能源消费结构调整和 CO_2 排放产生滞后和持续的影响。空间或时间滞后效应的潜在存在可能会导致偏差估计结果。为了检验先前回归结果的稳健性，我们分别基于 W1、W2 和 W3 的空间权重矩阵，使用动态 SDM 重新估计清洁能源发展对 CO_2 排放的影响。结果如表7和表8所示。动态模型的估计结果与先前的静态模型类似，再次表明我们的估计结果是稳健的。此外，如表8所示，当地清洁能源发展在长期内比短期具有更强的 CO_2 减排效果。然而，空间相关区域的清洁能源发展在长期内对 CO_2 排放的促进作用弱于短期。

表 7 基于动态 SDM 的稳健性检验结果

变量	lnCE		
	Model 1	Model 2	Model 3
	W1	W2	W3
L. WlnCE	−0.4653	−1.8227***	−1.3504***
	(0.3585)	(0.3888)	(0.3975)
clean	−0.0060***	−0.0062***	−0.0061***
	(0.0010)	(0.0010)	(0.0010)
PD	0.0008***	0.0007***	0.0008***
	(0.0003)	(0.0003)	(0.0003)
lnPGDP	2.4386***	2.6334***	2.5731***
	(0.2882)	(0.2757)	(0.2828)
(lnPGDP)^2	−0.0982***	−0.1092***	−0.1070***
	(0.0150)	(0.0145)	(0.0147)
EI	0.3227***	0.3426***	0.3353***
	(0.0222)	(0.0209)	(0.0213)
TI	−0.0009	−0.0192	−0.0127
	(0.0177)	(0.0173)	(0.0175)
FDI	−0.0053	−0.0047	−0.0048
	(0.0045)	(0.0045)	(0.0045)
MD	0.0042***	0.0036**	0.0041***
	(0.0015)	(0.0014)	(0.0015)
ρ	0.1740	0.2053	0.1867
	(0.1807)	(0.1947)	(0.1889)
Province effect	Yes	Yes	Yes
Year effect	Yes	Yes	Yes
N	600	600	600
Within R^2	0.7415	0.7558	0.7394
Wald test for SAR	78.60	71.87	72.39
Prob>chi2	0.000	0.000	0.000
Wald test for SEM	69.74	66.29	66.59
Prob>chi2	0.000	0.000	0.000

注：括号内为标准误；*、**和***表明系数分别在 10%、5% 和 1% 的水平上显著；自变量空间滞后项的回归系数见表 A.4。

表 8　基于表 7 回归结果的直接效应和间接效应

变量	lnCE					
	Model 1		Model 2		Model 3	
	W1		W2		W3	
	直接效应					
	Short-term	Long-term	Short-term	Long-term	Short-term	Long-term
clean	-0.0062 ***	-0.0067 ***	-0.0064 ***	-0.0083 ***	-0.0064 ***	-0.0077 ***
	(0.0010)	(0.0010)	(0.0010)	(0.0012)	(0.0010)	(0.0011)
PD	0.0008 ***	0.0007 ***	0.0007 **	0.0001	0.0007 ***	0.0005 **
	(0.0003)	(0.0002)	(0.0003)	(0.0003)	(0.0003)	(0.0002)
ln*PGDP*	2.4257 ***	2.4351 ***	2.6222 ***	2.8586 ***	2.5586 ***	2.6690 ***
	(0.2848)	(0.3028)	(0.2745)	(0.3772)	(0.2801)	(0.3423)
(ln*PGDP*)^2	-0.0964 ***	-0.0942 ***	-0.1077 ***	-0.1116 ***	-0.1053 ***	-0.1051 ***
	(0.0148)	(0.0155)	(0.0143)	(0.0189)	(0.0146)	(0.0173)
EI	0.3270 ***	0.3369 ***	0.3466 ***	0.4008 ***	0.3394 ***	0.3744 ***
	(0.0221)	(0.0227)	(0.0213)	(0.0315)	(0.0214)	(0.0260)
TI	0.0013	0.0058	-0.0170	-0.0052	-0.0108	-0.0019
	(0.0189)	(0.0193)	(0.0184)	(0.0215)	(0.0187)	(0.0205)
FDI	-0.0055	-0.0057	-0.0050	-0.0069	-0.0051	-0.0065
	(0.0045)	(0.0046)	(0.0045)	(0.0052)	(0.0045)	(0.0049)
MD	0.0042 ***	0.0038 **	0.0034 **	0.0018	0.0039 ***	0.0028 *
	(0.0015)	(0.0015)	(0.0015)	(0.0017)	(0.0015)	(0.0016)
	间接效应					
	Short-term	Long-term	Short-term	Long-term	Short-term	Long-term
clean	0.0211 ***	0.0172 ***	0.0178 **	0.0127 ***	0.0192 **	0.0135 ***
	(0.0070)	(0.0049)	(0.0078)	(0.0035)	(0.0075)	(0.0036)
PD	0.0047 *	0.0032 *	0.0097 **	0.0039 **	0.0066 **	0.0029 **
	(0.0025)	(0.0017)	(0.0046)	(0.0018)	(0.0032)	(0.0014)
ln*PGDP*	0.9797	-0.0182	1.0742	-1.4138 *	1.3016	-0.8927
	(1.3707)	(1.0145)	(1.6660)	(0.8431)	(1.5045)	(0.8216)
(ln*PGDP*)^2	-0.1664 **	-0.0921 *	-0.1389	0.0153	-0.1563 *	-0.0152
	(0.0759)	(0.0533)	(0.0912)	(0.0430)	(0.0831)	(0.0422)

续表

变量	lnCE					
	Model 1		Model 2		Model 3	
	W1		W2		W3	
EI	−0.3031*	−0.3198***	−0.2273	−0.3541***	−0.2643	−0.3397***
	(0.1561)	(0.1124)	(0.2297)	(0.1063)	(0.1921)	(0.0975)
TI	−0.2272***	−0.1660***	−0.2209**	−0.0877**	−0.2062**	−0.0978**
	(0.0843)	(0.0595)	(0.0967)	(0.0433)	(0.0869)	(0.0433)
FDI	0.0088	0.0081	0.0207	0.0130	0.0214	0.0139
	(0.0262)	(0.0190)	(0.0224)	(0.0105)	(0.0246)	(0.0125)
MD	0.0185*	0.0122*	0.0320***	0.0120***	0.0290***	0.0123***
	(0.0096)	(0.0066)	(0.0103)	(0.0038)	(0.0101)	(0.0044)

注：括号内为标准误；*、**和***表明系数分别在 10%、5% 和 1% 的水平上显著。

4. 异质性分析

4.1 不同时间阶段的异质性分析

在中国的不同经济发展阶段，能源消费的差异特征可能会对 CO_2 排放产生异质性影响。如图 2 所示，2002 年之前，水力发电占清洁能源发电总量的比例超过 90%。从 2002 年到 2012 年，中国经历了快速的城市化和工业化。火力发电占总发电量的大部分，清洁能源发电量呈现振荡下降趋势。与此同时，水力发电在清洁能源发电中所占的比例有所下降，但仍在 80% 以上。2012 年以后，中国发电的能源结构发生了明显变化。一方面，火力发电占总发电量的比例不断下降。另一方面，风力发电量和太阳能发电量快速增长，而水力发电在清洁能源发电中所占的比例明显下降。水力发电占清洁能源发电总量比例的变化反映了清洁能源发电的能源结构调整。此外，火力发电占总发电量比例的变化反映了总发电量的能源结构调整。随着这些能源结构调整，清洁能源发展的不同阶段可能会对 CO_2 排放产生不同的影响。

为了比较不同阶段清洁能源发展对 CO_2 排放的异质性影响，根据前文的分析，我们将样本划分为 1997—2002 年、2003—2012 年和 2013—2017 年三个阶段，进而生成了三个虚拟变量 period1、period2 和 period3，并在相应

的样本期间赋值 $period1=1$、$period2=1$ 和 $period3=1$，其他时间段则为 0。通过将虚拟变量 $period2$ 和 $period3$ 及其与 $clean$ 变量的交互项分别引入基线回归模型，重新估计了清洁能源发展对 CO_2 排放的影响，并将结果报告在表 9 和表 10 中。

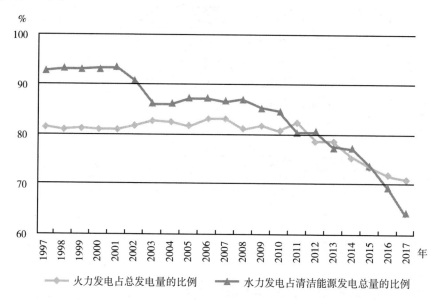

图 2　中国水电和火力发电比例变动的趋势

（资料来源：发电数据由作者根据《中国水力发电年鉴》和
《中国电力年鉴》中的原始数据计算而得）

如表 9 和表 10 所示[①]，回归结果与基准结果相似，表明我们的估计结果是稳健的。此外，$clean \times period2$ 的直接效应系数在统计上并不显著，表明与 1997—2002 年相比，2003—2012 年本地区的清洁能源发展在 CO_2 减排效果方面没有显著差异。然而，$clean \times period3$ 的直接效应系数在 10% 的水平上显著为负，表明与 1997—2002 年相比，2013—2017 年本地区清洁能源发展的 CO_2 减排效果更大。$clean \times period2$ 和 $clean \times period3$ 的间接效应系数在统计上不显著，表明空间相关区域的清洁能源发展在时间上不呈现显著不同的 CO_2 减排效果。

总体而言，与 1997—2002 年相比，2013—2017 年清洁能源发展的 CO_2 减排效果更大。实际上，2003—2012 年，能源结构调整更多地体现在清洁

---

① 虚拟变量 $period2$ 和 $period3$ 完全被地区和年份固定效应吸收，因此估计系数不能在估计结果中得以体现。

能源发电上,火力发电占总发电量的比例与 1997—2002 年持平。因此,与 1997—2002 年相比,2003—2012 年本地区清洁能源发展的 CO_2 减排效果没有明显差异。这表明清洁能源发电中的能源结构调整对 CO_2 排放没有表现出异质性影响。2013—2017 年,清洁能源发电的能源结构和总发电量的总体能源结构都在不断调整。与 1997—2002 年相比,这一时期的清洁能源发展对 CO_2 减排的直接影响更大。综上所述,清洁能源发电中的内部能源结构调整对 CO_2 排放没有异质性影响,而总发电量中的整体能源结构调整可能会产生更大的 CO_2 减排效应。

表9 不同发展阶段的异质性分析

变量	$\ln CE$		
	Model 1	Model 2	Model 3
	W1	W2	W3
clean	-0.0052^{***}	-0.0057^{***}	-0.0055^{***}
	(0.0011)	(0.0011)	(0.0011)
clean×period2	-0.0010	-0.0007	-0.0009
	(0.0007)	(0.0006)	(0.0006)
clean×period3	-0.0015^{**}	-0.0012^{*}	-0.0014^{*}
	(0.0007)	(0.0007)	(0.0007)
PD	0.0008^{***}	0.0007^{**}	0.0008^{**}
	(0.0003)	(0.0003)	(0.0003)
$\ln PGDP$	2.3676^{***}	2.6558^{***}	2.5184^{***}
	(0.2815)	(0.2736)	(0.2783)
$(\ln PGDP)^2$	-0.0954^{***}	-0.1095^{***}	-0.1034^{***}
	(0.0146)	(0.0144)	(0.0145)
EI	0.3181^{***}	0.3368^{***}	0.3299^{***}
	(0.0210)	(0.0200)	(0.0203)
TI	0.0176	0.0102	0.0123
	(0.0151)	(0.0149)	(0.0150)
FDI	-0.0084^{*}	-0.0087^{**}	-0.0082^{*}
	(0.0044)	(0.0044)	(0.0044)
MD	0.0053^{***}	0.0048^{***}	0.0052^{***}
	(0.0015)	(0.0014)	(0.0015)

续表

变量	lnCE		
	Model 1	Model 2	Model 3
	W1	W2	W3
ρ	−0.2244	−0.2461	−0.2325
	(0.1706)	(0.1838)	(0.1802)
Province effect	Yes	Yes	Yes
Year effect	Yes	Yes	Yes
N	630	630	630
Within R^2	0.7044	0.7098	0.7064
Hausman test	110.80	167.51	144.95
Prob>chi2	0.000	0.000	0.000
Wald test for SAR	81.74	83.30	84.34
Prob>chi2	0.000	0.000	0.000
Wald test for SEM	90.61	95.82	97.13
Prob>chi2	0.000	0.000	0.000

注：括号内为标准误；$*$、$**$ 和 $***$ 表明系数分别在 10%、5% 和 1% 的水平上显著；自变量空间滞后项的回归系数见表 A.5。

表 10　基于表 9 回归结果的直接效应和间接效应

变量	lnCE		
	Model 1	Model 2	Model 3
	直接效应		
clean	−0.0054***	−0.0059***	−0.0057***
	(0.0011)	(0.0011)	(0.0011)
clean×period2	−0.0010	−0.0007	−0.0009
	(0.0006)	(0.0006)	(0.0006)
clean×period3	−0.0015**	−0.0012*	−0.0013*
	(0.0007)	(0.0007)	(0.0007)
PD	0.0007***	0.0006**	0.0007**
	(0.0003)	(0.0003)	(0.0003)
lnPGDP	2.3627***	2.6579***	2.5176***
	(0.2825)	(0.2735)	(0.2789)

续表

变量	$\ln CE$		
	Model 1	Model 2	Model 3
$(\ln PGDP)^2$	-0.0937^{***}	-0.1080^{***}	-0.1019^{***}
	(0.0146)	(0.0143)	(0.0145)
EI	0.3214^{***}	0.3401^{***}	0.3331^{***}
	(0.0222)	(0.0214)	(0.0215)
TI	0.0191	0.0119	0.0137
	(0.0145)	(0.0144)	(0.0144)
FDI	-0.0081^{*}	-0.0085^{**}	-0.0080^{*}
	(0.0042)	(0.0043)	(0.0043)
MD	0.0052^{***}	0.0046^{***}	0.0050^{***}
	(0.0015)	(0.0015)	(0.0015)
	间接效应		
$clean$	0.0213^{***}	0.0209^{***}	0.0213^{***}
	(0.0066)	(0.0077)	(0.0073)
$clean \times period2$	0.0002	0.0001	0.0002
	(0.0002)	(0.0002)	(0.0002)
$clean \times period3$	0.0003	0.0002	0.0002
	(0.0003)	(0.0002)	(0.0003)
PD	0.0045^{**}	0.0094^{**}	0.0063^{**}
	(0.0023)	(0.0043)	(0.0030)
$\ln PGDP$	0.8503	0.1250	0.5202
	(1.1887)	(1.4038)	(1.2800)
$(\ln PGDP)^2$	-0.1584^{**}	-0.1340^{*}	-0.1487^{**}
	(0.0677)	(0.0812)	(0.0752)
EI	-0.2229^{*}	-0.2328	-0.2267
	(0.1285)	(0.1947)	(0.1605)
TI	-0.1729^{**}	-0.1723^{**}	-0.1595^{**}
	(0.0712)	(0.0863)	(0.0755)
FDI	0.0022	0.0143	0.0157
	(0.0234)	(0.0216)	(0.0229)

续表

变量	lnCE		
	Model 1	Model 2	Model 3
MD	0.0168*	0.0249***	0.0223**
	(0.0092)	(0.0094)	(0.0093)

注：括号内为标准误；*、**和***表明系数分别在10%、5%和1%的水平上显著。

4.2 地区电力禀赋的异质性分析

清洁能源发展对CO_2排放的影响在电力丰富地区和电力贫乏地区之间可能有所不同。为了捕捉这种异质效应，我们将研究样本分为电力净流入（电力贫乏）区域和电力净流出（电力丰富）区域。具体而言，基于2016年各省电网企业的最新线损率数据，我们通过消除输电损耗计算净发电量。根据2016年的净发电量数据和用电量数据，我们生成一个虚拟变量 *region* 以反映发电容量，如果一个区域的净发电小于总用电量，则赋值 *region* = 0，否则赋值 *region* = 1。通过在基线回归模型中引入虚拟变量 *region* 及其与 *clean* 的交互项，我们使用静态和动态 SDM 重新估计清洁能源发展对CO_2排放的影响。

表11和表12报告了静态 SDM 估计结果，表13和表14显示了动态 SDM 估计结果[①]。静态和动态 SDM 估计结果都表明了基准估计结果的稳健性。从静态模型的回归结果来看，*clean×region* 的直接效应在5%的水平上显著为正，表明与电力丰富地区相比，电力贫乏地区的清洁能源发展具有更强的CO_2减排效果。可能原因是大部分电力丰富地区，如内蒙古、山西、陕西、新疆和贵州，煤炭资源丰富。由于丰富的煤炭资源禀赋，电力丰富地区更方便使用煤炭，与电力贫乏地区相比，清洁能源在这些地区对煤炭的替代性较弱。因此，清洁能源发展在电力贫乏地区显示出更强的CO_2减排效果。

表11 不同电力禀赋的异质性静态 SDM 估计结果

变量	lnCE		
	Model 1	Model 2	Model 3
	W1	W2	W3
clean	−0.0078***	−0.0083***	−0.0081***
	(0.0012)	(0.0013)	(0.0012)

---

① 虚拟变量 *region* 的系数完全被时间固定效应吸收。

续表

变量	$\ln CE$		
	Model 1	Model 2	Model 3
	W1	W2	W3
clean×region	0.0042 **	0.0038 **	0.0041 **
	(0.0017)	(0.0017)	(0.0017)
PD	0.0008 ***	0.0007 **	0.0008 ***
	(0.0003)	(0.0003)	(0.0003)
$\ln PGDP$	2.2565 ***	2.5178 ***	2.3899 ***
	(0.2829)	(0.2742)	(0.2798)
$(\ln PGDP)^2$	−0.0901 ***	−0.1035 ***	−0.0975 ***
	(0.0146)	(0.0144)	(0.0145)
EI	0.3274 ***	0.3415 ***	0.3364 ***
	(0.0210)	(0.0201)	(0.0203)
TI	0.0159	0.0079	0.0096
	(0.0151)	(0.0148)	(0.0149)
FDI	−0.0072 *	−0.0064	−0.0064
	(0.0043)	(0.0043)	(0.0043)
MD	0.0050 ***	0.0044 ***	0.0048 ***
	(0.0015)	(0.0014)	(0.0015)
ρ	−0.1998	−0.2200	−0.2248
	(0.1681)	(0.1804)	(0.1782)
Province effect	Yes	Yes	Yes
Year effect	Yes	Yes	Yes
N	630	630	630
Within R^2	0.7461	0.7468	0.7439
Hausman test	137.69	189.58	188.57
Prob>chi2	0.000	0.000	0.000
Wald test for SAR	97.27	101.46	100.51
Prob>chi2	0.000	0.000	0.000
Wald test for SEM	106.38	112.87	114.18
Prob>chi2	0.000	0.000	0.000

注：括号内为标准误；*、**和***表明系数分别在 10%、5% 和 1% 的水平上显著；自变量空间滞后项的回归系数见表 A.6。

表 12　基于表 11 估计结果的直接效应和间接效应

变量	lnCE		
	Model 1	Model 2	Model 3
	W1	W2	W3
直接效应			
clean	−0.0081***	−0.0086***	−0.0084***
	(0.0013)	(0.0013)	(0.0013)
clean×region	0.0041**	0.0037**	0.0040**
	(0.0017)	(0.0017)	(0.0017)
PD	0.0008***	0.0007**	0.0008***
	(0.0003)	(0.0003)	(0.0003)
lnPGDP	2.2540***	2.5216***	2.3908***
	(0.2784)	(0.2727)	(0.2771)
(lnPGDP)^2	−0.0886***	−0.1021***	−0.0960***
	(0.0142)	(0.0141)	(0.0142)
EI	0.3307***	0.3447***	0.3399***
	(0.0206)	(0.0202)	(0.0202)
TI	0.0182	0.0102	0.0119
	(0.0159)	(0.0156)	(0.0157)
FDI	−0.0074*	−0.0068	−0.0069
	(0.0043)	(0.0043)	(0.0043)
MD	0.0050***	0.0043***	0.0047***
	(0.0015)	(0.0015)	(0.0015)
间接效应			
clean	0.0264***	0.0244***	0.0257***
	(0.0067)	(0.0078)	(0.0073)
clean×region	−0.0006	−0.0006	−0.0007
	(0.0006)	(0.0006)	(0.0006)
PD	0.0052**	0.0098**	0.0069**
	(0.0024)	(0.0045)	(0.0031)
lnPGDP	−0.0572	−0.4391	−0.2457
	(1.1272)	(1.4496)	(1.2428)

续表

变量	lnCE		
	Model 1	Model 2	Model 3
	W1	W2	W3
$(\ln PGDP)^2$	-0.1250^{**}	-0.1195	-0.1205^*
	(0.0625)	(0.0815)	(0.0710)
EI	-0.1897	-0.1677	-0.1818
	(0.1379)	(0.2109)	(0.1706)
TI	-0.2088^{***}	-0.2164^{***}	-0.2005^{***}
	(0.0703)	(0.0812)	(0.0723)
FDI	0.0091	0.0322	0.0289
	(0.0242)	(0.0222)	(0.0233)
MD	0.0160^*	0.0243^{***}	0.0206^{**}
	(0.0086)	(0.0088)	(0.0084)

注：括号内为标准误；*、** 和 *** 表明系数分别在 10%、5% 和 1% 的水平上显著。

表 13　不同电力禀赋的异质性动态 SDM 估计结果

变量	lnCE		
	Model 1	Model 2	Model 3
	W1	W2	W3
L. $W\ln CE$	-0.4569	-1.8030^{***}	-1.3270^{***}
	(0.3566)	(0.3873)	(0.3956)
$clean$	-0.0080^{***}	-0.0080^{***}	-0.0081^{***}
	(0.0013)	(0.0013)	(0.0013)
$clean×region$	0.0046^{***}	0.0039^{**}	0.0043^{**}
	(0.0017)	(0.0017)	(0.0017)
PD	0.0008^{***}	0.0007^{***}	0.0008^{***}
	(0.0003)	(0.0003)	(0.0003)
$\ln PGDP$	2.3572^{***}	2.5524^{***}	2.4886^{***}
	(0.2881)	(0.2767)	(0.2833)
$(\ln PGDP)^2$	-0.0949^{***}	-0.1059^{***}	-0.1034^{***}
	(0.0149)	(0.0145)	(0.0147)
EI	0.3300^{***}	0.3477^{***}	0.3414^{***}
	(0.0223)	(0.0209)	(0.0213)

续表

变量	lnCE		
	Model 1	Model 2	Model 3
	W1	W2	W3
TI	−0.0017	−0.0194	−0.0134
	(0.0176)	(0.0172)	(0.0174)
FDI	−0.0048	−0.0039	−0.0042
	(0.0045)	(0.0044)	(0.0045)
MD	0.0039**	0.0033**	0.0037**
	(0.0015)	(0.0014)	(0.0015)
ρ	0.1749	0.2014	0.1845
	(0.1806)	(0.1943)	(0.1886)
Province effect	Yes	Yes	Yes
Year effect	Yes	Yes	Yes
N	600	600	600
Within R^2	0.7558	0.7694	0.7778
Wald test for SAR	84.90	76.14	77.26
Prob>chi2	0.000	0.000	0.000
Wald test for SEM	74.52	69.53	70.22
Prob>chi2	0.000	0.000	0.000

注：括号内为标准误；*、**和***表明系数分别在10%、5%和1%的水平上显著；自变量空间滞后项的回归系数见表A.7。

表14 基于表13估计结果的直接效应和间接效应

变量	lnCE					
	Model 1		Model 2		Model 3	
	W1		W2		W3	
	直接效应					
	Short-term	Long-term	Short-term	Long-term	Short-term	Long-term
clean	−0.0083***	−0.0088***	−0.0083***	−0.0103***	−0.0083***	−0.0098***
	(0.0012)	(0.0013)	(0.0012)	(0.0015)	(0.0012)	(0.0014)
clean×region	0.0048***	0.0049***	0.0041**	0.0046**	0.0045***	0.0048***
	(0.0017)	(0.0017)	(0.0016)	(0.0018)	(0.0016)	(0.0018)

续表

变量	lnCE					
	Model 1		Model 2		Model 3	
	W1		W2		W3	
PD	0.0008***	0.0007**	0.0006**	0.0001	0.0007**	0.0004
	(0.0003)	(0.0003)	(0.0003)	(0.0003)	(0.0003)	(0.0003)
ln$PGDP$	2.3542***	2.3667***	2.5486***	2.7821***	2.4832***	2.5938***
	(0.2854)	(0.3035)	(0.2762)	(0.3719)	(0.2814)	(0.3410)
(ln$PGDP$)^2	−0.0935***	−0.0914***	−0.1047***	−0.1083***	−0.1021***	−0.1018***
	(0.0148)	(0.0156)	(0.0144)	(0.0187)	(0.0146)	(0.0173)
EI	0.3338***	0.3435***	0.3509***	0.4036***	0.3448***	0.3788***
	(0.0237)	(0.0241)	(0.0223)	(0.0313)	(0.0227)	(0.0265)
TI	−0.0002	0.0045	−0.0177	−0.0057	−0.0120	−0.0028
	(0.0169)	(0.0173)	(0.0165)	(0.0196)	(0.0166)	(0.0184)
FDI	−0.0047	−0.0051	−0.0039	−0.0063	−0.0042	−0.0060
	(0.0044)	(0.0044)	(0.0044)	(0.0050)	(0.0044)	(0.0047)
MD	0.0038**	0.0035**	0.0030**	0.0016	0.0035**	0.0026
	(0.0015)	(0.0015)	(0.0015)	(0.0017)	(0.0015)	(0.0016)
	间接效应					
	Short−term	Long−term	Short−term	Long−term	Short−term	Long−term
clean	0.0220***	0.0186***	0.0183**	0.0142***	0.0200***	0.0152***
	(0.0069)	(0.0049)	(0.0077)	(0.0036)	(0.0074)	(0.0037)
clean×region	−0.0006	−0.0019**	−0.0006	−0.0032**	−0.0006	−0.0030***
	(0.0008)	(0.0008)	(0.0007)	(0.0013)	(0.0008)	(0.0011)
PD	0.0053**	0.0036**	0.0102**	0.0042**	0.0072**	0.0032**
	(0.0025)	(0.0017)	(0.0045)	(0.0018)	(0.0032)	(0.0014)
ln$PGDP$	0.7454	−0.1603	0.8814	−1.4417*	1.0921	−0.9417
	(1.3472)	(0.9920)	(1.5707)	(0.7890)	(1.4516)	(0.7850)
(ln$PGDP$)^2	−0.1601**	−0.0889*	−0.1336	0.0154	−0.1511*	−0.0150
	(0.0766)	(0.0531)	(0.0881)	(0.0407)	(0.0821)	(0.0407)
EI	−0.2998**	−0.3192***	−0.2166	−0.3511***	−0.2574	−0.3383***
	(0.1491)	(0.1078)	(0.2178)	(0.1014)	(0.1821)	(0.0930)

续表

变量	lnCE					
	Model 1		Model 2		Model 3	
	W1		W2		W3	
TI	−0.2386***	−0.1744***	−0.2292**	−0.0907**	−0.2178**	−0.1033**
	(0.0885)	(0.0619)	(0.1044)	(0.0454)	(0.0925)	(0.0450)
FDI	0.0202	0.0162	0.0325	0.0175*	0.0332	0.0194
	(0.0256)	(0.0185)	(0.0228)	(0.0103)	(0.0244)	(0.0122)
MD	0.0158	0.0104	0.0290***	0.0109***	0.0256**	0.0108**
	(0.0101)	(0.0070)	(0.0107)	(0.0041)	(0.0106)	(0.0047)

注：括号内为标准误；*、**和***表明系数分别在10%、5%和1%的水平上显著。

从动态模型的回归结果来看，$clean×region$ 的短期和长期直接影响都至少在5%的水平上显著为正，表明电力贫乏地区的清洁能源发展对高碳能源具有更强的替代效应。$clean×region$ 的短期间接效应在统计上不显著。然而，其长期间接效应至少在5%的水平上显著为负。这意味着，从长远来看，电力丰富地区的 CO_2 排放较少受到空间相关地区清洁能源发展的影响。换言之，从长期来看，空间关联地区的清洁能源发展对电力贫乏地区 CO_2 减排的不利影响比短期更大。

4.3 地区碳排放约束的异质性分析

清洁能源发展对 CO_2 排放的影响可能与地区面临的 CO_2 排放约束有关。为了促进低碳发展，我国于2010年启动了低碳试点项目，并在试点地区实施了更严格的 CO_2 排放法规（Yang等，2021）。因此，我们可以将试点省市视为面临更强 CO_2 排放约束的地区。根据国家发展改革委2010年和2012年发布的《关于开展低碳省区和低碳城市试点工作的通知》，包括湖北、广东、海南、云南、陕西在内的部分省份整体被列为低碳省份。此外，北京、天津、上海和重庆这四个直辖市被列为低碳城市。同时，在样本期内，其他省份没有或仅有少数代表性城市被标记为低碳城市。因此，我们生成一个虚拟变量 $carbon$ 来反映碳排放约束，如果整个省或直辖市被划分为低碳省或低碳城市，则 $carbon=1$。通过在基线回归模型中引入虚拟变量 $carbon$ 及其与 $clean$ 的交互项，我们使用静态和动态 SDM 重新评估清洁能源发展对 CO_2 排放的影响。

表15和表16显示了静态 SDM 估计结果，表17和表18报告了动态

SDM 估计结果①。静态和动态 SDM 估计结果与表 3 和表 4 所报告的基准回归结果基本一致，表明本文的估计结果是稳健的。从静态 SDM 模型的回归结果来看，*clean×carbon* 的直接效应在 5% 的水平上显著为负，表明低碳试点地区的清洁能源发展具有更强的 CO_2 减排效应。从动态 SDM 模型的回归结果来看，*clean×carbon* 的直接影响是负面的，而且无论短期还是长期，其系数至少都在 10% 的水平上显著，表明低碳试点地区的清洁能源发展确实具有更强的 CO_2 减排效应。此外，*clean×carbon* 的短期间接效应是正的，但在统计上并不显著。然而，它的长期间接效应在 10% 的水平上显著为正。这表明，从长远来看，空间相关地区的清洁能源发展对低碳试点地区的 CO_2 排放具有显著的空间溢出效应。换言之，与短期相比，空间关联地区清洁能源发展对低碳试点地区长期 CO_2 减排的不利影响更大。

表 15 碳排放约束异质性的静态 SDM 估计结果

变量	lnCE		
	Model 1	Model 2	Model 3
	W1	W2	W3
clean	−0.0048 ***	−0.0051 ***	−0.0050 ***
	(0.0012)	(0.0012)	(0.0012)
clean×carbon	−0.0032 **	−0.0037 **	−0.0036 **
	(0.0016)	(0.0016)	(0.0016)
PD	0.0008 **	0.0007 **	0.0007 **
	(0.0003)	(0.0003)	(0.0003)
ln*PGDP*	2.2980 ***	2.5582 ***	2.4338 ***
	(0.2821)	(0.2720)	(0.2781)
(ln*PGDP*)^2	−0.0912 ***	−0.1045 ***	−0.0987 ***
	(0.0146)	(0.0143)	(0.0145)
EI	0.3219 ***	0.3390 ***	0.3328 ***
	(0.0209)	(0.0200)	(0.0202)
TI	0.0163	0.0089	0.0105
	(0.0151)	(0.0148)	(0.0149)
FDI	−0.0070	−0.0068	−0.0065
	(0.0043)	(0.0043)	(0.0043)

① 虚拟变量 *carbon* 的系数完全被时间和省份固定效应吸收。

续表

变量	lnCE		
	Model 1	Model 2	Model 3
	W1	W2	W3
MD	0.0050***	0.0045***	0.0049***
	(0.0015)	(0.0014)	(0.0015)
ρ	−0.2154	−0.2313	−0.2408
	(0.1695)	(0.1812)	(0.1795)
Province effect	Yes	Yes	Yes
Year effect	Yes	Yes	Yes
N	630	630	630
Within R^2	0.7084	0.7199	0.7071
Hausman test	141.65	154.42	160.78
Prob>chi2	0.000	0.000	0.000
Wald test for SAR	83.14	90.44	88.16
Prob>chi2	0.000	0.000	0.000
Wald test for SEM	93.08	101.90	101.92
Prob>chi2	0.000	0.000	0.000

注：括号内为标准误；*、**和***表明系数分别在10%、5%和1%的水平上显著；自变量空间滞后项的回归系数见表A.8。

表16　基于表15估计结果的直接效应和间接效应

变量	lnCE		
	Model 1	Model 2	Model 3
	W1	W2	W3
	直接效应		
clean	−0.0050***	−0.0053***	−0.0052***
	(0.0012)	(0.0012)	(0.0012)
clean×carbon	−0.0033**	−0.0038**	−0.0037**
	(0.0016)	(0.0016)	(0.0016)
PD	0.0007***	0.0006**	0.0007**
	(0.0003)	(0.0003)	(0.0003)
lnPGDP	2.2901***	2.5573***	2.4301***
	(0.2790)	(0.2722)	(0.2770)

续表

变量	lnCE		
	Model 1	Model 2	Model 3
	W1	W2	W3
$(\ln PGDP)^2$	−0.0894***	−0.1029***	−0.0970***
	(0.0143)	(0.0141)	(0.0142)
EI	0.3259***	0.3426***	0.3370***
	(0.0207)	(0.0203)	(0.0203)
TI	0.0186	0.0112	0.0128
	(0.0159)	(0.0156)	(0.0157)
FDI	−0.0071	−0.0071*	−0.0069
	(0.0043)	(0.0043)	(0.0043)
MD	0.0049***	0.0043***	0.0047***
	(0.0015)	(0.0015)	(0.0015)
间接效应			
clean	0.0226***	0.0225***	0.0225***
	(0.0067)	(0.0078)	(0.0072)
clean×carbon	0.0006	0.0007	0.0007
	(0.0006)	(0.0006)	(0.0006)
PD	0.0039*	0.0081*	0.0053*
	(0.0023)	(0.0044)	(0.0030)
lnPGDP	0.1628	−0.2757	−0.0929
	(1.1189)	(1.4421)	(1.2333)
$(\ln PGDP)^2$	−0.1223**	−0.1159	−0.1148
	(0.0618)	(0.0807)	(0.0700)
EI	−0.2235	−0.1944	−0.2164
	(0.1365)	(0.2072)	(0.1676)
TI	−0.1928***	−0.1961**	−0.1804**
	(0.0687)	(0.0792)	(0.0702)
FDI	0.0060	0.0240	0.0232
	(0.0239)	(0.0212)	(0.0226)
MD	0.0170**	0.0255***	0.0221***
	(0.0085)	(0.0087)	(0.0084)

注：括号内为标准误；*、**和***表明系数分别在10%、5%和1%的水平上显著。

表 17　碳排放约束异质性的动态 SDM 估计结果

变量	lnCE		
	Model 1	Model 2	Model 3
	W1	W2	W3
L. WlnCE	− 0. 5509	− 1. 8863 ***	− 1. 4383 ***
	（0. 3599）	（0. 3884）	（0. 3979）
clean	− 0. 0047 ***	− 0. 0046 ***	− 0. 0046 ***
	（0. 0012）	（0. 0012）	（0. 0012）
clean×carbon	− 0. 0032 *	− 0. 0036 **	− 0. 0036 **
	（0. 0017）	（0. 0016）	（0. 0016）
PD	0. 0007 **	0. 0007 **	0. 0007 **
	（0. 0003）	（0. 0003）	（0. 0003）
lnPGDP	2. 3940 ***	2. 5802 ***	2. 5208 ***
	（0. 2883）	（0. 2756）	（0. 2827）
（lnPGDP）^2	− 0. 0962 ***	− 0. 1067 ***	− 0. 1046 ***
	（0. 0150）	（0. 0145）	（0. 0147）
EI	0. 3221 ***	0. 3441 ***	0. 3363 ***
	（0. 0222）	（0. 0208）	（0. 0212）
TI	− 0. 0017	− 0. 0187	− 0. 0129
	（0. 0176）	（0. 0172）	（0. 0174）
FDI	− 0. 0044	− 0. 0041	− 0. 0041
	（0. 0045）	（0. 0044）	（0. 0045）
MD	0. 0040 ***	0. 0035 **	0. 0039 ***
	（0. 0015）	（0. 0014）	（0. 0015）
ρ	0. 1840	0. 2079	0. 1925
	（0. 1814）	（0. 1948）	（0. 1893）
Province effect	Yes	Yes	Yes
Year effect	Yes	Yes	Yes
N	600	600	600
Within R^2	0. 7300	0. 7479	0. 7256
Wald test for SAR	72. 65	67. 95	68. 25
Prob>chi2	0. 000	0. 000	0. 000
Wald test for SEM	65. 35	63. 53	63. 67

续表

变量	lnCE		
	Model 1	Model 2	Model 3
	W1	W2	W3
Prob>chi2	0.000	0.000	0.000

注：括号内为标准误；*、** 和 *** 表明系数分别在 10%、5% 和 1% 的水平上显著；自变量空间滞后项的回归系数见表 A.9。

表 18　基于表 17 估计结果的直接效应和间接效应

变量	lnCE					
	Model 1		Model 2		Model 3	
	W1		W2		W3	
	直接效应					
	Short-term	Long-term	Short-term	Long-term	Short-term	Long-term
clean	−0.0049***	−0.0054***	−0.0048***	−0.0065***	−0.0048***	−0.0060***
	(0.0012)	(0.0013)	(0.0012)	(0.0015)	(0.0012)	(0.0014)
clean×carbon	−0.0030*	−0.0031*	−0.0034**	−0.0039**	−0.0034**	−0.0037**
	(0.0016)	(0.0017)	(0.0016)	(0.0018)	(0.0016)	(0.0017)
PD	0.0007**	0.0006**	0.0006**	0.0001	0.0006**	0.0004
	(0.0003)	(0.0003)	(0.0003)	(0.0003)	(0.0003)	(0.0003)
lnPGDP	2.3926***	2.4034***	2.5793***	2.8210***	2.5177***	2.6348***
	(0.2865)	(0.3093)	(0.2760)	(0.3808)	(0.2818)	(0.3491)
(lnPGDP)^2	−0.0949***	−0.0926***	−0.1057***	−0.1100***	−0.1035***	−0.1037***
	(0.0148)	(0.0158)	(0.0144)	(0.0191)	(0.0146)	(0.0176)
EI	0.3260***	0.3387***	0.3472***	0.4055***	0.3397***	0.3791***
	(0.0237)	(0.0243)	(0.0223)	(0.0322)	(0.0226)	(0.0271)
TI	−0.0001	0.0049	−0.0172	−0.0058	−0.0116	−0.0028
	(0.0169)	(0.0175)	(0.0165)	(0.0199)	(0.0167)	(0.0187)
FDI	−0.0043	−0.0047	−0.0041	−0.0060	−0.0041	−0.0056
	(0.0044)	(0.0045)	(0.0044)	(0.0050)	(0.0044)	(0.0048)
MD	0.0039**	0.0036**	0.0032**	0.0016	0.0037**	0.0026
	(0.0015)	(0.0015)	(0.0015)	(0.0017)	(0.0015)	(0.0016)
	间接效应					
	Short-term	Long-term	Short-term	Long-term	Short-term	Long-term

续表

变量	lnCE					
	Model 1		Model 2		Model 3	
	W1		W2		W3	
clean	0.0184***	0.0145***	0.0166**	0.0110***	0.0170**	0.0114***
	(0.0069)	(0.0047)	(0.0077)	(0.0035)	(0.0074)	(0.0036)
clean×carbon	0.0004	0.0013*	0.0005	0.0028**	0.0005	0.0024**
	(0.0006)	(0.0008)	(0.0006)	(0.0013)	(0.0006)	(0.0011)
PD	0.0040	0.0026	0.0086*	0.0034*	0.0056*	0.0024*
	(0.0024)	(0.0016)	(0.0044)	(0.0018)	(0.0031)	(0.0014)
lnPGDP	1.1611	−0.0092	1.1982	−1.3803*	1.4444	−0.8761
	(1.3779)	(0.9655)	(1.5989)	(0.7925)	(1.4814)	(0.7788)
(lnPGDP)^2	−0.1652**	−0.0824	−0.1366	0.0178	−0.1530*	−0.0100
	(0.0770)	(0.0507)	(0.0884)	(0.0405)	(0.0822)	(0.0399)
EI	−0.3279**	−0.3398***	−0.2388	−0.3641***	−0.2849	−0.3546***
	(0.1483)	(0.1020)	(0.2155)	(0.0995)	(0.1804)	(0.0899)
TI	−0.2204**	−0.1534***	−0.2093**	−0.0805*	−0.1960**	−0.0893**
	(0.0869)	(0.0583)	(0.1026)	(0.0447)	(0.0905)	(0.0436)
FDI	0.0139	0.0112	0.0222	0.0129	0.0247	0.0148
	(0.0253)	(0.0175)	(0.0219)	(0.0100)	(0.0238)	(0.0117)
MD	0.0180*	0.0111*	0.0311***	0.0114***	0.0284***	0.0116***
	(0.0102)	(0.0067)	(0.0109)	(0.0040)	(0.0108)	(0.0045)

注：括号内为标准误；*、** 和 *** 表明系数分别在 10%、5% 和 1% 的水平上显著。

5. 机制分析

如前所述，本地区清洁能源发电份额的增加对本地区 CO_2 排放具有负的效应，对空间关联地区 CO_2 排放具有正的间接效应。在本部分中，我们进行了一些机制分析，以讨论这些结果的潜在机制。

5.1 CO_2 转移效应

根据前文的回归结果，我们认为空间关联地区的发电部门使用清洁能源节省的化石能源对本地区的清洁能源使用具有替代效应，进而形成 CO_2 转移效应，即来自空间关联地区的 CO_2 排放被转移到本地区。

中国的火力发电厂以燃煤为主。同时，中国也是一个缺乏石油和天然气的国家（Lin，2018；Tian 等，2021）。根据中国石油发布的《2018 年国内外油气行业发展报告》[①]，中国自 2017 年以来已成为世界上最大的石油进口国，自 2018 年以来已成为世界上最大的天然气进口国。根据英国石油公司发布的 *BP Statistical Review of World Energy*，中国能源消费的增长长期以煤炭为主（见图 3）。因此，由于较低的煤炭价格和能源短缺现实，清洁能源发电增长替代的煤炭能源可能并不会退出能源市场。来自空间关联地区的煤炭将流入本地市场，并逐渐取代其他类型的能源，包括天然气、石油和清洁能源，进而在本地区发展清洁能源时，可能会产生 CO_2 转移效应。

百万吨油当量

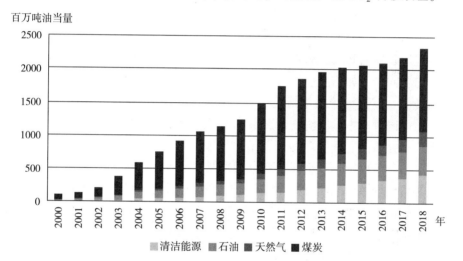

图 3　以 1999 年为基期的中国能源消费变化情况

（资料来源：根据 *BP Statistical Review of World Energy* 的原始数据计算而得）

为了验证这一推断，我们将煤炭消耗量（*coal*）作为因变量，分别用 W1、W2 和 W3 的空间权重矩阵重新估计式（1），并将结果报告于表 19 和表 20 中的模型（1）至模型（3）估计结果。以表 20 中的模型（3）为例，*clean* 对煤炭消耗具有显著的负的直接效应和显著的正的间接效应。这一结果表明，本地区清洁能源发电份额的增加可导致本地区煤炭消耗量的减少，而空间相关区域的清洁能源发电份额增加带来的结果则相反。因此，这验证了 CO_2 转移效应。

由于区域间能源流动的复杂性和数据的可用性，我们无法提供进一步

---

① 详见 https：//www.sohu.com/a/289990960_ 505855。

的证据。然而，根据 CO_2 转移效应，电力丰富地区可能存在煤炭流入。因此，如果我们能够在现实中观察到电力丰富地区煤炭流入的存在，将间接证明 CO_2 转移效应的推断是有效的。事实上，根据 2017 年《中国电力年鉴》，云南省作为电力净流出地区，清洁能源发电所占的比例高达 92%，而根据《中国能源统计年鉴》的数据，火力发电所消耗的原煤为 1170 万吨。与此同时，尽管云南生产了 4670 万吨原煤，但该省在输出电力的同时，还从其他省份进口了 4110 万吨原煤。这意味着，在云南发展清洁能源的同时，其他省份的煤炭仍流入该省，从而对该省的 CO_2 减排产生了负面影响。因此，从实际角度来看，CO_2 转移效应得到了验证。

此外，根据这一推论，空间关联地区的清洁能源发展会使能源短缺区域遭受更强的 CO_2 转移效应。正如表 14 所示，从长期来看，电力贫乏地区清洁能源发展的间接影响确实更强。这也间接验证了 CO_2 转移效应。

与此同时，如前所述，当地清洁能源发电份额的增加意味着化石能源的消耗减少，进而导致本地区的 CO_2 排放量和单位 GDP 的 CO_2 排放量减少。与此同时，本地区清洁能源节约的化石能源会流入空间关联地区的能源市场，并挤出空间关联地区的清洁能源消费。这意味着，本地区清洁能源发电份额的增加不仅会导致空间关联地区更多的 CO_2 排放，而且会导致空间相关区域单位 GDP 的 CO_2 排放量增加。因此，我们使用单位 GDP 的 CO_2 排放量（GCE）作为因变量重新估计式（1），并在表 19 和表 20 中的模型（4）至模型（6）报告估算结果。如表 20 中的模式（4）至模型（6）所示，$clean$ 对本地区单位 GDP 的 CO_2 排放量具有显著为负的直接效应，对空间关联地区单位 GDP 的 CO_2 排放量具有显著为正的间接效应。这些都证明了 CO_2 转移效应假说的成立。

表 19　因变量为 ln$coal$ 和 lnGCE 的估计结果

变量	ln$coal$			lnGCE		
	Model 1	Model 2	Model 3	Model 4	Model 5	Model 6
	W1	W2	W3	W1	W2	W3
$clean$	−0.0051***	−0.0058***	−0.0053***	−0.0057***	−0.0062***	−0.0059***
	(0.0014)	(0.0014)	(0.0014)	(0.0010)	(0.0010)	(0.0010)
PD	0.0017***	0.0015***	0.0016***	0.0008***	0.0007**	0.0008***
	(0.0004)	(0.0004)	(0.0004)	(0.0003)	(0.0003)	(0.0003)

续表

变量	lncoal			lnGCE		
	Model 1	Model 2	Model 3	Model 4	Model 5	Model 6
	W1	W2	W3	W1	W2	W3
lnPGDP	4.0143***	4.5423***	4.3032***	2.5386***	2.8483***	2.7116***
	(0.4071)	(0.3972)	(0.4037)	(0.2780)	(0.2688)	(0.2745)
(lnPGDP)^2	−0.1646***	−0.1928***	−0.1810***	−0.1386***	−0.1554***	−0.1485***
	(0.0211)	(0.0209)	(0.0211)	(0.0144)	(0.0141)	(0.0143)
EI	0.4142***	0.4309***	0.4278***	0.3125***	0.3229***	0.3208***
	(0.0302)	(0.0292)	(0.0294)	(0.0206)	(0.0198)	(0.0200)
TI	0.0495**	0.0479**	0.0451**	0.0273*	0.0174	0.0201
	(0.0217)	(0.0216)	(0.0216)	(0.0149)	(0.0147)	(0.0148)
FDI	−0.0278***	−0.0272***	−0.0267***	−0.0039	−0.0031	−0.0031
	(0.0062)	(0.0062)	(0.0062)	(0.0042)	(0.0042)	(0.0043)
MD	0.0050**	0.0048**	0.0051**	0.0049***	0.0044***	0.0048***
	(0.0022)	(0.0021)	(0.0021)	(0.0015)	(0.0014)	(0.0014)
ρ	−0.1325	−0.2097	−0.1550	−0.1994	−0.1816	−0.1813
	(0.1665)	(0.1838)	(0.1752)	(0.1685)	(0.1776)	(0.1750)
Province effect	Yes	Yes	Yes	Yes	Yes	Yes
Year effect	Yes	Yes	Yes	Yes	Yes	Yes
N	630	630	630	630	630	630
Within R^2	0.648	0.642	0.650	0.707	0.700	0.705
Hausman test	53.56	79.98	65.14	169.69	84.11	106.85
Prob>chi2	0.000	0.000	0.000	0.003	0.000	0.000
Wald test for SAR	74.86	65.31	71.11	64.11	71.78	70.72
Prob>chi2	0.000	0.000	0.000	0.000	0.000	0.000
Wald test for SEM	88.26	81.63	88.32	69.01	76.90	76.49
Prob>chi2	0.000	0.000	0.000	0.000	0.000	0.000

注：括号内为标准误；*、** 和 *** 表明系数分别在 10%、5% 和 1% 的水平上显著；自变量空间滞后项的回归系数见表 A.10。

表20 基于表19估计结果的直接效应和间接效应

变量	ln*coal*			ln*GCE*		
	Model 1	Model 2	Model 3	Model 4	Model 5	Model 6
	直接效应					
clean	−0.0053 ***	−0.0062 ***	−0.0056 ***	−0.0058 ***	−0.0062 ***	−0.0060 ***
	(0.0015)	(0.0015)	(0.0015)	(0.0010)	(0.0010)	(0.0010)
PD	0.0016 ***	0.0013 ***	0.0015 ***	0.0008 ***	0.0006 **	0.0007 **
	(0.0004)	(0.0004)	(0.0004)	(0.0003)	(0.0003)	(0.0003)
ln*PGDP*	4.0608 ***	4.6172 ***	4.3610 ***	2.5756 ***	2.8915 ***	2.7519 ***
	(0.3956)	(0.3945)	(0.3952)	(0.2724)	(0.2632)	(0.2687)
(ln*PGDP*)^2	−0.1659 ***	−0.1949 ***	−0.1826 ***	−0.1396 ***	−0.1567 ***	−0.1497 ***
	(0.0200)	(0.0201)	(0.0200)	(0.0138)	(0.0135)	(0.0137)
EI	0.4159 ***	0.4314 ***	0.4287 ***	0.3147 ***	0.3237 ***	0.3222 ***
	(0.0302)	(0.0293)	(0.0294)	(0.0206)	(0.0199)	(0.0200)
TI	0.0512 **	0.0495 **	0.0466 **	0.0294 **	0.0191	0.0218
	(0.0215)	(0.0212)	(0.0213)	(0.0146)	(0.0143)	(0.0145)
FDI	−0.0284 ***	−0.0284 ***	−0.0276 ***	−0.0044	−0.0036	−0.0036
	(0.0062)	(0.0064)	(0.0063)	(0.0042)	(0.0043)	(0.0043)
MD	0.0050 **	0.0046 **	0.0050 **	0.0047 ***	0.0042 ***	0.0046 ***
	(0.0022)	(0.0021)	(0.0021)	(0.0015)	(0.0015)	(0.0015)
	间接效应					
clean	0.0403 ***	0.0392 ***	0.0424 ***	0.0138 **	0.0114	0.0129 *
	(0.0109)	(0.0123)	(0.0122)	(0.0064)	(0.0078)	(0.0072)
PD	0.0119 ***	0.0201 ***	0.0153 ***	0.0046 *	0.0092 **	0.0062 *
	(0.0040)	(0.0070)	(0.0052)	(0.0024)	(0.0046)	(0.0032)
ln*PGDP*	0.1260	−2.8468	−1.3664	−0.5592	−1.5600	−1.0322
	(1.6029)	(1.8982)	(1.7296)	(1.0329)	(1.3240)	(1.1548)
(ln*PGDP*)^2	−0.1981 **	−0.0536	−0.1342	−0.0721	−0.0580	−0.0673
	(0.1005)	(0.1150)	(0.1101)	(0.0603)	(0.0794)	(0.0701)
EI	0.0489	0.1609	0.1719	−0.0846	0.0686	−0.0034
	(0.2198)	(0.3138)	(0.2748)	(0.1387)	(0.2177)	(0.1782)
TI	−0.2022 *	−0.1233	−0.1582	−0.1783 **	−0.1968 **	−0.1774 **
	(0.1105)	(0.1207)	(0.1120)	(0.0714)	(0.0867)	(0.0762)

变量	lncoal			ln*GCE*		
	Model 1	Model 2	Model 3	Model 4	Model 5	Model 6
FDI	0.0403	0.0826**	0.0742**	0.0176	0.0388*	0.0344
	(0.0373)	(0.0333)	(0.0363)	(0.0240)	(0.0228)	(0.0239)
MD	0.0027	0.0238*	0.0155	0.0200**	0.0306***	0.0274***
	(0.0136)	(0.0133)	(0.0133)	(0.0094)	(0.0102)	(0.0098)

注：括号内为标准误；*、** 和 *** 表明系数分别在 10%、5% 和 1% 的水平上显著。

5.2 清洁能源发电的回弹效应

正如一些研究（如 Deng 和 Newton，2017；Qiu 等，2019）所讨论的，清洁能源发电的较低边际成本降低了平均电价。理论上，这种价格下降可能会导致出现收入效应，刺激对电力和其他类型能源的需求。因此，清洁能源发电根据回弹效应的幅度增加或减少 CO_2 排放。如果刺激需求导致的 CO_2 排放量增加超过了清洁能源发电消费导致的 CO_2 排放量减少，那么清洁能源发电所占比例的提高将导致更多的 CO_2 排放，反之则相反。显著为负的直接效应意味着，在本地区存在较小的清洁能源发电反弹效应。因此，增加本地区清洁能源发电的份额有助于减少本地区 CO_2 排放。显著积极的间接效应意味着空间相关区域的清洁能源发电在局部区域具有显著的反弹效应。在这种情况下，空间相关区域清洁能源发电份额的增加很可能会导致本地区电力和其他类型能源的消耗增加。

然而，实际上我国所有发电，无论是否来自清洁能源发电，都进入国家电网，在全国范围内进一步分配。电力消费者支付统一的电价，而不考虑发电来源和类型。因此，清洁能源发电份额的变化不应导致反弹效应。

此外，能源反弹效应并不表明能源生产和使用的技术退化。事实上，能源反弹效应主要是由能源效率的提高引起的。因此，在存在能源反弹效应的情况下，清洁能源发电份额的变化不应对能源效率产生显著为负的影响。借助反证法的思想，我们进一步研究了清洁能源发电份额的变化对 CO_2 强度（单位 GDP 的 CO_2 排放量）的影响，CO_2 强度可反过来衡量能源效率。如前所述，能源反弹效应的存在意味着清洁能源发电份额的变化不应降低能源效率，也就是说，其份额的变化不会显著增加本地区和空间相关地区单位 GDP 的 CO_2 排放量。

然而，表 19 和表 20 中模型（4）至模型（6）使用单位 GDP 的 CO_2 排放量（GCE）作为因变量的估算结果表明，clean 对单位 GDP 的 CO_2 排放量具有显著为正的间接效应。这意味着，地方清洁能源发电份额的增加反而促增了空间相关区域的 CO_2 强度，即降低能源效率。这些结果与回弹效应的发生机理相矛盾，即清洁能源发电份额的变化不应降低能源效率，这在很大程度上为反驳清洁能源发电反弹效应的推论提供了经验证据。

总言之，我们的分析表明 CO_2 转移效应是成立的。换言之，当地清洁能源发电份额的增加将导致 CO_2 从当地转移到空间关联地区。因此，CO_2 转移效应部分地削弱了清洁能源发展中 CO_2 减排工作的整体有效性。

6. 总结性评述

鉴于对全球气候变化的日益关注，清洁能源发展已成为减少 CO_2 排放的关键行动之一。尽管现有研究考察了清洁能源发展对环境的影响，但忽略了区域间能源生产和消费的空间关联性。特别是，现有文献很少关注清洁能源发展对 CO_2 排放的空间溢出效应。基于中国 1997—2017 年的省级面板数据，本文采用空间杜宾模型研究了清洁能源发展对我国 CO_2 排放的影响。实证结果表明，当地清洁能源发展对其他地区的 CO_2 排放具有显著的空间溢出效应。具体而言，当地清洁能源发电在总发电量中所占份额的增加将导致本地区 CO_2 排放量减少。相反，地方清洁能源发电份额的增加将导致空间相关区域的 CO_2 排放量增加。考虑到清洁能源发展的不同阶段、不同的发电能力和不同的二氧化碳排放限制，异质性分析结果表明，2013—2017 年，在电力贫乏地区和低碳试点地区，清洁能源发展对本地区的 CO_2 减排效应更强；同时，空间相关地区清洁能源发展对电力贫乏地区和低碳试点地区长期 CO_2 减排更具不利影响。此外，机制分析结果表明，通过使用本地区发电部门的清洁能源而节省的化石能源会流入空间相关区域，并挤出这些区域的清洁能源消费，本地区的 CO_2 排放被转移到空间相关区域。因此，CO_2 转移效应部分地削弱了清洁能源发展中 CO_2 减排工作的整体有效性。

本文为更好地理解清洁能源发展对 CO_2 减排的影响提供了参考。首先，在我国能源短缺的背景下，由于 CO_2 转移效应，清洁能源发展对总体 CO_2 减排的贡献可能非常小。然而，发展清洁能源仍然是必要和紧迫的。从长远来看，发展清洁能源对于实现解决能源短缺和减少 CO_2 排放的双重目标仍然至关重要。为了缓解 CO_2 转移效应，自然禀赋和经济条件相似的地区应合作发展清洁能源。例如，清洁能源发展水平高的地区应积极向清洁能源发展程度低的地区推广清洁能源发展经验；区域间应建立绿色金融合作，共同发展清洁能源。其次，有必要在国家层面开展全面减少 CO_2 排放的部署，以避免因 CO_2 转移效应而导致的地方 CO_2 减排努力徒劳无益。较低的煤炭能源相对价格实际上鼓励了煤炭能源跨区域流动，以取代清洁能源。因此，提高煤炭能源价格可以有效抑制 CO_2 转移效应。事实上，目前煤炭能源的价格不足以反映中国的环境成本（Lin，2018）。各地区之间 CO_2 法规的差异导致了煤炭能源消费的实际成本差距，即使交易价格是一致的。煤炭能源相对较低的价格和地区间的价格差距刺激了煤炭能源跨地区流动，导致了 CO_2 转移效应。因此，为了抑制 CO_2 转移效应，合作制定更严格的 CO_2 法规而不是竞争更低的 CO_2 法规对于缩小区域间煤炭能源的实际价格差距至关重要，同时提高煤炭能源交易价格。最后，为了抑制来自其他地区的化石能源流入对当地清洁能源消费的挤出，应通过面向市场的环境政策鼓励一国所有地区使用清洁能源。例如，应进一步推进和完善全国 CO_2 交易市场建设。

附录

表 A.1 $\ln CE$ 和 $\ln CE2$ 数据的 t 检验结果

变量	Mean	Difference	t-value
$\ln CE$	4.9923	—	—
$\ln CE2$	4.9959	−0.0036	−1.2259

表 A.2 表 3 中自变量空间滞后项的回归系数

变量	$\ln CE$		
	Model 2	Model 3	Model 4
	W1	W2	W3
W×*clean*	0.0273***	0.0250***	0.0265***
	(0.0073)	(0.0090)	(0.0082)
W×*PD*	0.0056**	0.0112**	0.0077**
	(0.0027)	(0.0050)	(0.0035)
W×$\ln PGDP$	0.4341	−0.0716	0.2037
	(1.2874)	(1.6009)	(1.4011)

续表

变量	lnCE		
	Model 2	Model 3	Model 4
	W1	W2	W3
W×（lnPGDP）^2	−0.1568**	−0.1494*	−0.1530**
	(0.0675)	(0.0849)	(0.0749)
W×EI	−0.1944	−0.1979	−0.1986
	(0.1561)	(0.2393)	(0.1960)
W×TI	−0.2201***	−0.2307**	−0.2120***
	(0.0790)	(0.0930)	(0.0819)
W×FDI	0.0015	0.0259	0.0233
	(0.0279)	(0.0257)	(0.0271)
W×MD	0.0206**	0.0307***	0.0270***
	(0.0099)	(0.0096)	(0.0096)

注：括号内为标准误；*、**和***表明系数分别在10%、5%和1%的水平上显著。

表 A.3 表 5 中自变量空间滞后项的回归系数

变量	lnCE			lnCE2		
	Model 1	Model 2	Model 3	Model 4	Model 5	Model 6
	W1	W2	W3	W1	W2	W3
W×clean2	0.0284***	0.0250***	0.0270***			
	(0.0072)	(0.0093)	(0.0083)			
W×clean				0.0243***	0.0252***	0.0253***
				(0.0068)	(0.0081)	(0.0073)
W×PD	0.0048*	0.0102**	0.0068**	7.8747	3.4099	5.3502
	(0.0026)	(0.0048)	(0.0034)	(5.8706)	(3.3693)	(4.2669)
W×lnPGDP	0.4046	−0.1569	0.0646	2.0918	1.7803	2.0823
	(1.2844)	(1.6104)	(1.4026)	(1.8401)	(1.8283)	(1.8070)
W×（lnPGDP）^2	−0.1458**	−0.1295	−0.1343*	−0.1860**	−0.1729*	−0.1881**
	(0.0674)	(0.0846)	(0.0744)	(0.0906)	(0.0884)	(0.0879)
W×EI	−0.2130	−0.2420	−0.2235	−0.2290	−0.5966***	−0.4241**
	(0.1594)	(0.2485)	(0.2043)	(0.1676)	(0.1957)	(0.1814)
W×TI	−0.2009**	−0.1956**	−0.1867**	−0.1393*	−0.0404	−0.0796
	(0.0791)	(0.0932)	(0.0820)	(0.0726)	(0.0484)	(0.0570)

续表

变量	lnCE			lnCE2		
	Model 1	Model 2	Model 3	Model 4	Model 5	Model 6
	W1	W2	W3	W1	W2	W3
W×FDI	0.0093	0.0377	0.0345	−0.0065	−0.0216	−0.0175
	(0.0273)	(0.0252)	(0.0266)	(0.0266)	(0.0193)	(0.0225)
W×MD	0.0195 **	0.0291 ***	0.0257 ***	0.0091	0.0144 *	0.0128
	(0.0097)	(0.0096)	(0.0095)	(0.0101)	(0.0085)	(0.0092)

注：括号内为标准误；*、** 和 *** 表明系数分别在10%、5%和1%的水平上显著。

表 A.4　表 7 中自变量空间滞后项的回归系数

变量	lnCE		
	Model 2	Model 3	Model 4
	W1	W2	W3
W×clean	0.0225 ***	0.0190 **	0.0203 **
	(0.0076)	(0.0090)	(0.0083)
W×PD	0.0054 **	0.0113 **	0.0076 **
	(0.0026)	(0.0048)	(0.0034)
W×lnPGDP	1.4609	1.6490	1.8582
	(1.4186)	(1.6917)	(1.5076)
W×（lnPGDP)^2	−0.2006 ***	−0.1747 **	−0.1913 **
	(0.0720)	(0.0885)	(0.0784)
W×EI	−0.3073 *	−0.2216	−0.2637
	(0.1702)	(0.2526)	(0.2097)
W×TI	−0.2549 ***	−0.2551 **	−0.2338 **
	(0.0906)	(0.1064)	(0.0937)
W×FDI	0.0094	0.0232	0.0238
	(0.0292)	(0.0263)	(0.0279)
W×MD	0.0210 **	0.0370 ***	0.0332 ***
	(0.0101)	(0.0097)	(0.0097)

注：括号内为标准误；*、** 和 *** 表明系数分别在10%、5%和1%的水平上显著。

表 A.5　表 9 中自变量空间滞后项的回归系数

变量	lnCE		
	Model 1	Model 2	Model 3
	W1	W2	W3
W×clean	0.0248***	0.0245***	0.0249***
	(0.0076)	(0.0092)	(0.0085)
W×PD	0.0054**	0.0113**	0.0076**
	(0.0027)	(0.0050)	(0.0035)
W×lnPGDP	1.6257	0.8864	1.2830
	(1.4188)	(1.6966)	(1.5186)
W×(lnPGDP)^2	−0.2130***	−0.1917**	−0.2044**
	(0.0730)	(0.0888)	(0.0797)
W×EI	−0.1917	−0.1886	−0.1896
	(0.1566)	(0.2390)	(0.1961)
W×TI	−0.2052***	−0.2107**	−0.1917**
	(0.0791)	(0.0945)	(0.0825)
W×FDI	−0.0027	0.0129	0.0139
	(0.0283)	(0.0268)	(0.0278)
W×MD	0.0215**	0.0316***	0.0282***
	(0.0099)	(0.0096)	(0.0096)

注：括号内为标准误；*、** 和 *** 表明系数分别在 10%、5% 和 1% 的水平上显著。

表 A.6　表 11 中自变量空间滞后项的回归系数

变量	lnCE		
	Model 1	Model 2	Model 3
	W1	W2	W3
W×clean	0.0288***	0.0266***	0.0283***
	(0.0073)	(0.0090)	(0.0082)
W×PD	0.0061**	0.0116**	0.0082**
	(0.0027)	(0.0050)	(0.0035)
W×lnPGDP	0.3311	−0.0751	0.1588
	(1.2822)	(1.5946)	(1.3950)
W×(lnPGDP)^2	−0.1592**	−0.1564*	−0.1584**
	(0.0672)	(0.0847)	(0.0746)

续表

变量	lnCE		
	Model 1	Model 2	Model 3
	W1	W2	W3
W×EI	−0.1715	−0.1446	−0.1594
	（0.1556）	（0.2395）	（0.1957）
W×TI	−0.2376***	−0.2506***	−0.2325***
	（0.0789）	（0.0930）	（0.0820）
W×FDI	0.0098	0.0372	0.0334
	（0.0279）	（0.0261）	（0.0273）
W×MD	0.0189*	0.0287***	0.0247***
	（0.0098）	（0.0096）	（0.0096）

注：括号内为标准误；*、** 和*** 表明系数分别在10%、5%和1%的水平上显著。

表 A.7　表 13 中自变量空间滞后项的回归系数

变量	lnCE		
	Model 1	Model 2	Model 3
	W1	W2	W3
W×clean	0.0242***	0.0202**	0.0219***
	（0.0075）	（0.0089）	（0.0083）
W×PD	0.0060**	0.0117**	0.0082**
	（0.0026）	（0.0048）	（0.0034）
W×lnPGDP	1.3026	1.5758	1.7422
	（1.4115）	（1.6846）	（1.5004）
W×（lnPGDP）^2	−0.2011***	−0.1785**	−0.1939**
	（0.0716）	（0.0881）	（0.0780）
W×EI	−0.2824*	−0.1756	−0.2288
	（0.1694）	（0.2523）	（0.2091）
W×TI	−0.2741***	−0.2722**	−0.2539***
	（0.0904）	（0.1062）	（0.0935）
W×FDI	0.0188	0.0345	0.0343
	（0.0292）	（0.0267）	（0.0281）
W×MD	0.0190*	0.0347***	0.0304***
	（0.0101）	（0.0097）	（0.0098）

注：括号内为标准误；*、** 和*** 表明系数分别在10%、5%和1%的水平上显著。

表 A.8　表 15 中自变量空间滞后项的回归系数

变量	lnCE		
	Model 1	Model 2	Model 3
	W1	W2	W3
W×$clean$	0.0252 ***	0.0251 ***	0.0253 ***
	（0.0074）	（0.0089）	（0.0082）
W×PD	0.0047 *	0.0097 *	0.0065 *
	（0.0027）	（0.0050）	（0.0035）
W×ln$PGDP$	0.6330	0.1491	0.3850
	（1.2881）	（1.5967）	（1.3982）
W×（ln$PGDP$)^2	−0.1594 **	−0.1545 *	−0.1549 **
	（0.0673）	（0.0846）	（0.0746）
W×EI	−0.2103	−0.1766	−0.2001
	（0.1558）	（0.2384）	（0.1952）
W×TI	−0.2212 ***	−0.2280 **	−0.2105 ***
	（0.0787）	（0.0926）	（0.0815）
W×FDI	0.0059	0.0273	0.0265
	（0.0279）	（0.0256）	（0.0270）
W×MD	0.0205 **	0.0305 ***	0.0270 ***
	（0.0098）	（0.0096）	（0.0095）

注：括号内为标准误；*、** 和 *** 表明系数分别在 10%、5% 和 1% 的水平上显著。

表 A.9　表 17 中自变量空间滞后项的回归系数

变量	lnCE		
	Model 1	Model 2	Model 3
	W1	W2	W3
W×$clean$	0.0205 ***	0.0190 **	0.0191 **
	（0.0076）	（0.0089）	（0.0083）
W×PD	0.0046 *	0.0099 **	0.0064 *
	（0.0027）	（0.0049）	（0.0034）
W×ln$PGDP$	1.8166	1.9808	2.1868
	（1.4256）	（1.6912）	（1.5086）
W×（ln$PGDP$)^2	−0.2094 ***	−0.1841 **	−0.1985 **
	（0.0720）	（0.0882）	（0.0782）

续表

变量	lnCE		
	Model 1	Model 2	Model 3
	W1	W2	W3
W×EI	-0.3150*	-0.1981	-0.2589
	(0.1697)	(0.2518)	(0.2089)
W×TI	-0.2558***	-0.2509**	-0.2310**
	(0.0904)	(0.1060)	(0.0933)
W×FDI	0.0123	0.0230	0.0252
	(0.0292)	(0.0262)	(0.0278)
W×MD	0.0215**	0.0373***	0.0338***
	(0.0101)	(0.0096)	(0.0097)

注：括号内为标准误；*、** 和 *** 表明系数分别在 10%、5% 和 1% 的水平上显著。

表 A. 10　表 19 中自变量空间滞后项的回归系数

变量	lncoal			lnGCE		
	Model 1	Model 2	Model 3	Model 4	Model 5	Model 6
	W1	W2	W3	W1	W2	W3
W×clean	0.0427***	0.0434***	0.0455***	0.0143**	0.0112	0.0131
	(0.0106)	(0.0130)	(0.0119)	(0.0073)	(0.0089)	(0.0081)
W×PD	0.0130***	0.0233***	0.0170***	0.0053**	0.0103**	0.0070**
	(0.0039)	(0.0073)	(0.0050)	(0.0026)	(0.0049)	(0.0034)
W×lnPGDP	0.8005	-2.2386	-0.7386	-0.0522	-1.1765	-0.6062
	(1.8726)	(2.3188)	(2.0292)	(1.2677)	(1.5730)	(1.3761)
W×（lnPGDP）^2	-0.2456**	-0.1088	-0.1832*	-0.1150*	-0.0965	-0.1062
	(0.0973)	(0.1234)	(0.1082)	(0.0675)	(0.0839)	(0.0742)
W×EI	0.1043	0.2764	0.2528	-0.0393	0.1324	0.0495
	(0.2249)	(0.3487)	(0.2837)	(0.1552)	(0.2369)	(0.1949)
W×TI	-0.2256**	-0.1442	-0.1793	-0.2075***	-0.2258**	-0.2038**
	(0.1138)	(0.1351)	(0.1185)	(0.0777)	(0.0916)	(0.0806)
W×FDI	0.0429	0.0915**	0.0803**	0.0210	0.0439*	0.0395
	(0.0403)	(0.0374)	(0.0393)	(0.0275)	(0.0254)	(0.0268)
W×MD	0.0027	0.0281**	0.0173	0.0233**	0.0348***	0.0313***
	(0.0142)	(0.0140)	(0.0138)	(0.0097)	(0.0095)	(0.0094)

注：括号内为标准误；*、** 和 *** 表明系数分别在 10%、5% 和 1% 的水平上显著。

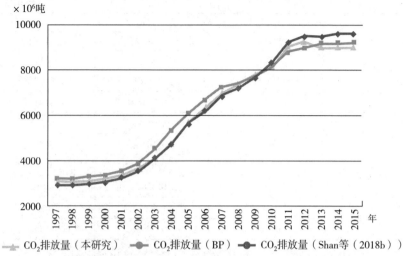

图 A.1　1997—2015 年中国二氧化碳排放总量

（资料来源：CO$_2$ 排放量（本研究）数据由作者根据《中国统计年鉴》《中国能源统计年鉴》
中的原始数据计算而得；CO$_2$（BP）排放量数据来自 *BP Statistical Review of World Energy*；CO$_2$
（Shan 等（2018b)) 数据由作者根据 Shan 等（2018b）中表 6 的原始数据计算而得）

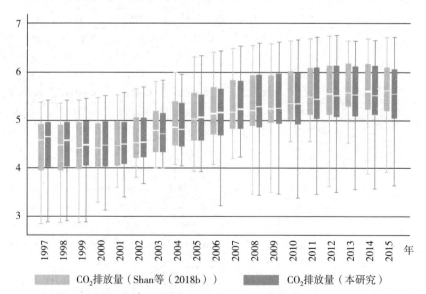

图 A.2　1997—2015 年中国二氧化碳排放量（对数）的统计分布

（资料来源：CO$_2$ 排放量（本研究）数据由作者根据《中国统计年鉴》《中国能源统计年鉴》
中的原始数据计算而得；CO$_2$（BP）排放量数据来自 *BP Statistical Review of World Energy*；CO$_2$
（Shan 等（2018b)) 数据由作者根据 Shan 等（2018b）中表 6 的原始数据计算而得）

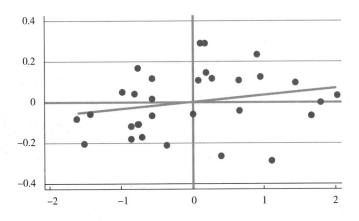

（a）1997年中国二氧化碳排放莫兰指数散点图（W3）

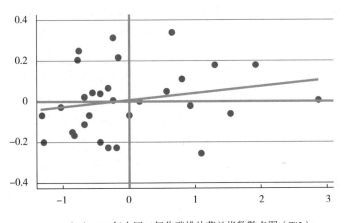

（b）2007年中国二氧化碳排放莫兰指数散点图（W3）

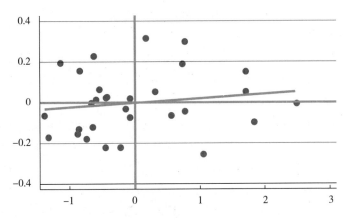

（c）2017年中国二氧化碳排放莫兰指数散点图（W3）

图 A.3　中国二氧化碳排放的莫兰指数散点图

参考文献

［1］ Acemoglu D. Directed Technical Change ［J］. *Review of Economic Studies*, 2002, 69（4）：781-809.

［2］ Adamantiades A, Kessides I. Nuclear Power for Sustainable Development: Current Status and Future Prospects ［J］. *Energy Policy*, 2009, 37（12）：5149-5166.

［3］ AlFarra H J, Abu-Hijleh B. The Potential Role of Nuclear Energy in Mitigating CO$_2$ Emissions in the United Arab Emirates ［J］. *Energy Policy*, 2012（42）：272-285.

［4］ Apergis N, Payne J E. Renewable and Non-renewable Energy Consumption-growth Nexus: Evidence from a Panel Error Correction Model ［J］. *Energy Economics*, 2012, 34（3）：733-738.

［5］ Apergis N, Payne J E, Menyah K, Wolde-Rufael Y. On the Causal Dynamics between Emissions, Nuclear Energy, Renewable Energy, and Economic Growth ［J］. *Ecological Economics*, 2010, 69（11）：2255-2260.

［6］ Balsalobre-Lorente D, Shahbaz M, Roubaud D, Farhani S. How Economic Growth, Renewable Electricity and Natural Resources Contribute to CO$_2$ Emissions? ［J］. *Energy Policy*, 2018（113）：356-367.

［7］ Bourgeon J M, Ollivier H. Is Bioenergy Trade Good for the Environment? ［J］. *European Economic Review*, 2012, 56（3）：411-421.

［8］ British Petroleum. *BP Statistical Review of World Energy* ［R］. London, 2007-2019.

［9］ Cai Y, Sam C Y, Chang T. Nexus between Clean Energy Consumption, Economic Growth and CO$_2$ Emissions ［J］. *Journal of Cleaner Production*, 2018（182）：1001-1011.

［10］ Charfeddine L, Kahia M. Impact of Renewable Energy Consumption and Financial Development on CO$_2$ Emissions and Economic Growth in the MENA Region: A Panel Vector Autoregressive（PVAR）Analysis ［J］. *Renewable Energy*, 2019（139）：198-213.

［11］ Chen J, Wang P, Cui L B, Huang S, Song M L. Decomposition and Decoupling Analysis of CO$_2$ Emissions in OECD ［J］. *Applied Energy*, 2018

(231): 937-950.

[12] Chen J, Wu Y, Xu C, Song M, Liu X. Global Non-fossil Fuel Consumption: Driving Factors, Disparities, and Trends [J]. *Management Decision*, 2019, 57 (4): 791-810.

[13] Chiu C L, Chang T H. What Proportion of Renewable Energy Supplies is Needed to Initially Mitigate CO_2 Emissions in OECD Member Countries? [J]. *Renewable and Sustainable Energy Reviews*, 2009, 13 (6-7): 1669-1674.

[14] DeCanio S J. The Political Economy of Global Carbon Emissions Reductions [J]. *Ecological Economics*, 2009, 68 (3): 915-924.

[15] Deng G, Newton P. Assessing the Impact of Solar PV on Domestic Electricity Consumption: Exploring the Prospect of Rebound Effects [J]. *Energy Policy*, 2017 (110): 313-324.

[16] Dogan E, Seker F. Determinants of CO_2 Emissions in the European Union: The role of Renewable and Non-renewable Energy[J]. *Renewable Energy*, 2016 (94): 429-439.

[17] Elhorst J P. *Spatial Econometrics: From Cross-Sectional Data to Spatial Panels* [M]. Heidelberg: Springer, 2014.

[18] Francey R J, Trudinger C M, Van Der Schoot M, Law R M, Krummel P B, Langenfelds R L, Steele L P, Allison C E, Stavert A R, Andres R J, Rödenbeck C. Atmospheric Verification of Anthropogenic CO_2 Emission Trends [J]. *Nature Climate Change*, 2013, 3 (5): 520-524.

[19] Grossman G M, Krueger A B. Economic Growth and the Environment [J]. *Quarterly Journal of Economics*, 1995, 110 (2): 353-377.

[20] Guan D, Meng J, Reiner D M, Zhang N, Shan Y, Mi Z, Shao S, Liu Z, Zhang Q, Davis S J. Structural Decline in China's CO_2 Emissions through Transitions in Industry and Energy Systems [J]. *Nature Geoscience*, 2018, 11 (8): 551-555.

[21] He Y, Fullerton Jr T M, Walke A G. Electricity Consumption and Metropolitan Economic Performance in Guangzhou: 1950—2013 [J]. *Energy Economics*, 2017 (63): 154-160.

[22] Howarth R W, Santoro R, Ingraffea A. Methane and the Greenhouse-gas Footprint of Natural Gas from Shale Formations [J]. *Climatic Change*, 2011, 106 (4): 679-690.

［23］ IPCC. 2006 IPCC Guidelines for National Greenhouse Gas Inventories ［R］. Institute for Global Environmental Strategies（IGES）, Hayama, Kanagawa, Japan, 2006.

［24］ IPCC. Climate Change 2014: Synthesis Report ［R］. Contribution of Working Groups Ⅰ, Ⅱ and Ⅲ to the Fifth Assessment Report of the Intergovernmental Panel on Climate Change, 2014.

［25］ Jarke J, Perino G. Do Renewable Energy Policies Reduce Carbon Emissions? On Caps and Inter-industry Leakage ［J］. *Journal of Environmental Economics and Management*, 2017（84）: 102-124.

［26］ Jia R, Shao S, Yang L. High-speed Rail and CO_2 Emissions in Urban China: A Spatial Difference - in - differences Approach ［J］. *Energy Economics*, 2021（99）: 105271.

［27］ Lee J W. The Contribution of Foreign Direct Investment to Clean Energy Use, Carbon Emissions and Economic Growth ［J］. *Energy Policy*, 2013, 55（4）: 483-489.

［28］ LeSage J, Pace R K. *Introduction to Spatial Econometrics* ［M］. Chapman and Hall/CRC, 2009.

［29］ Lin B. Energy Cost should be Taken into Consideration during the Process of China's Clean and Low-carbon Energy Transition ［J］. *Journal of Environmental Economics*, 2018, 3（3）: 1-5.

［30］ Lopez J L, Mandujano C. Estimation of the Impact in the Air Quality by the Use of Clean Fuels（Fuel Oil versus Natural Gas）［J］. *Catalysis Today*, 2005, 106（1-4）: 176-179.

［31］ Menyah K, Wolde-Rufael Y. CO_2 Emissions, Nuclear Energy, Renewable Energy and Economic Growth in the US ［J］. *Energy Policy*, 2010, 38（6）: 2911-2915.

［32］ Mogomotsi P K, Mogomotsi G E J, Hambira W L. Paris Agreement on Climate Change and Botswana's Vision 2036: An Examination of Linkages ［J］. *Chinese Journal of Population Resources and Environment*, 2018, 16（1）: 59-66.

［33］ Ozturk I, Acaravci A. CO_2 Emissions, Energy Consumption and Economic Growth in Turkey ［J］. *Renewable and Sustainable Energy Reviews*, 2010, 14（9）: 3220-3225.

［34］ Parent O, LeSage J P. Using the Variance Structure of the Conditional

Autoregressive Spatial Specification to Model Knowledge Spillovers [J]. *Journal of Applied Econometrics*, 2008, 23 (2): 235-256.

[35] Peters J C. Natural Gas and Spillover from the US Clean Power Plan into the Paris Agreement [J]. *Energy Policy*, 2017 (106): 41-47.

[36] Qiu Y L, Kahn M E, Xing B. Quantifying the Rebound Effects of Residential Solar Panel Adoption [J]. *Journal of Environmental Economics and Management*, 2019 (96): 310-341.

[37] Radmehr R, Henneberry S R, Shayanmehr S. Renewable Energy Consumption, CO_2 Emissions, and Economic Growth Nexus: A Simultaneity Spatial Modeling Analysis of EU Countries [J]. *Structural Change and Economic Dynamics*, 2021 (57): 13-27.

[38] Reddy B S, Assenza G B. The Great Climate Debate [J]. *Energy Policy*, 2009, 37 (8): 2997-3008.

[39] Shahnazi R, Shabani Z D. The Effects of Renewable Energy, Spatial Spillover of CO_2 Emissions and Economic Freedom on CO_2 Emissions in the EU [J]. *Renewable Energy*, 2021 (169): 293-307.

[40] Shan Y, Guan D, Hubacek K, Zheng B, Davis S J, Jia L, Liu J, Liu Z, Fromer N, Mi Z, Meng J, Deng X, Li Y, Lin J, Schroeder H, Weisz H, Schellnhuber H J. City-level Climate Change Mitigation in China [J]. *Science Advances*, 2018a, 4 (6): 190027.

[41] Shan Y, Guan D, Zheng H, Ou J, Li Y, Meng J, Mi Z, Liu Z, Zhang Q. China CO_2 Emission Accounts 1997 – 2015 [J]. *Scientific Data*, 2018b (5): 170201.

[42] Shao S, Chen Y, Li K, Yang L. Market Segmentation and Urban CO_2 Emissions in China: Evidence from the Yangtze River Delta Region [J]. *Journal of Environmental Management*, 2019 (248): 109324.

[43] Shao S, Huang T, Yang L. Using Latent Variable Approach to Estimate China's Economy-wide Energy Rebound Effect over 1954-2010 [J]. *Energy Policy*, 2014 (72): 235-248.

[44] Shao S, Yang L, Gan C, Cao J, Geng Y, Guan D. Using an Extended LMDI Model to Explore Techno-economic Drivers of Energy-related Industrial CO_2 Emission Changes: A Case Study for Shanghai (China) [J]. *Renewable and Sustainable Energy Reviews*, 2016 (55): 516-536.

［45］ Shao S, Yang L, Yu M, Yu M. Estimation, Characteristics, and Determinants of Energy – related Industrial CO_2 Emissions in Shanghai（China）, 1994-2009 ［J］. *Energy Policy*, 2011（39）：6476-6494.

［46］ Sovacool B K, Schmid P, Stirling A, Walter G, MacKerron C. Differences in Carbon Emissions Reduction between Countries Pursuing Renewable Electricity versus Nuclear Power ［J］. *Nature Energy*, 2020（5）：928-935.

［47］ Tian Z, Tian Y, Shen L, Shao S. The Health Effect of Household Cooking Fuel Choice in China：An Urban-rural Gap Perspective ［J］. *Technological Forecasting and Social Change*, 2021（173）：121083.

［48］ Wang C, Guo Y, Shao S, Fan M, Chen S. Regional Carbon Imbalance within China：An Application of the Kaya-Zenga Index ［J］. *Journal of Environmental Management*, 2020（262）：110378.

［49］ Wang W, Lu N, Zhang C. Low-carbon Technology Innovation Responding to Climate Change from the Perspective of Spatial Spillover Effects ［J］. *Chinese Journal of Population Resources and Environment*, 2018, 16（2）：120-130.

［50］ Wang Z. A Predictive Analysis of Clean Energy Consumption, Economic Growth and Environmental Regulation in China Using an Optimized Grey Dynamic Model ［J］. *Computational Economics*, 2015, 46（3）：437-453.

［51］ Xu L, Fan M, Yang L, Shao S. Heterogeneous Green Innovations and Carbon Emission Performance：Evidence at China's City Level ［J］. *Energy Economics*, 2021（99）：105269.

［52］ Yang Y, Cai W, Wang C. Industrial CO_2 Intensity, Indigenous Innovation and R&D Spillovers in China's Provinces ［J］. *Applied Energy*, 2014（131）：117-127.

［53］ Yang Z, Shao S, Yang L. Unintended Consequences of Carbon Regulation on the Performance of SOEs in China：The Role of Technical Efficiency ［J］. *Energy Economics*, 2021（94）：105072.

［54］ Zhang J, Chang Y, Zhang L, Li D. Do Technological Innovations Promote Urban Green Development? A Spatial Econometric Analysis of 105 Cities in China ［J］. *Journal of Cleaner Production*, 2018（182）：395-403.

［55］ Zhang Y J, Da Y B. The Decomposition of Energy-related Carbon Emission and its Decoupling with Economic Growth in China ［J］. *Renewable and Sustainable Energy Reviews*, 2015（41）：1255-1266.

超大城市就业多中心的
空间格局及形成机理

——以武汉市为例

董　莹[①]　陈　洁[②]　罗　静[②]*　蒋　亮[③]

摘　要：城市多中心空间结构逐渐成为诸多大城市的发展战略，因此有必要深入探索城市就业多中心之间的功能关联和就业次中心的形成机理。为此，本研究以超大城市武汉市作为研究区域，基于手机 App 移动定位数据、百度 POI 数据和地理国情普查数据等地理空间大数据，运用残差分析方法和数理统计模型识别和分析武汉市就业多中心及其关联特征，采用 Logistic 回归方法，探索武汉市就业次中心的形成机理。研究发现：（1）武汉市就业多中心空间格局显著，就业多中心之间的关联表现为就业主中心与最近就业次中心之间功能互补。（2）相对多样化指数、三产企业数量、交通路网密度和《武汉市城市总体规划（2010—2020 年）》等是驱动武汉市就业次中心形成的关键性驱动因素，表明产业结构的优化是促进就业多中心形成和发展的重要举措，科学的城市规划能够有效引导就业多中心的形成。（3）劳动力集聚和《武汉市城市总体规划（2010—2020 年）》分别对武汉市就业次中心的形成具有显著和较为显著的阻碍作用。

关键词：地理空间大数据；空间格局；次中心；形成机制；Logistic 回归

---

①　作者单位为湖北经济学院财经高等研究院。

②　作者单位为华中师范大学城市与环境科学学院。其中，罗静为本文通讯作者，E-mail：luojing@ mail. ccnu. edu. cn。

*　基金项目：国家自然科学基金项目（41871176；41801177；42001185）；教育部人文社会科学研究青年基金项目（20YJCZH147）。

③　作者单位为河南财经政法大学资源与环境学院。

多中心的概念由法国地理学家 Gottmann[1] 首次引入地理学研究中。20世纪90年代，国内外大城市尤其是特大城市在城镇化过程中，因单中心集聚导致了诸多"大城市病"，如交通拥堵、环境恶化等。为解决这些问题，城市多中心空间结构得到了学者们的广泛关注。1933年麦肯齐提出了多核心理论，并由哈里斯对其进行了进一步的发展。多核心理论认为，随着城市的不断扩张，城市中心对郊区的吸引能力将逐渐降低，郊区将集中自身的资源优势，发展出属于自己的中心[2]。亨德森提出在就业与居住中心集聚不经济、居住—交通成本约束的驱动下，城市发展将会趋向多中心[3]。霍华德针对单中心集聚带来的城市问题提出了"田园城市"构想，随后兴起了新城、卫星城等建设[4]。克鲁格曼提出了多中心城市结构的空间自组织模型[5]。霍尔认为目前所有的后工业城市都是多中心的，其特点就是居住区位的扩散格局和就业及服务业分布的多中心状态[6]。近年来，学者们认为国内外诸如东京、上海和伦敦等大都市区均选择了多中心发展战略[7-8]。自2000年以来，我国城市规模分布开始出现不断极化的现象，超大城市拥挤状况越发凸显[9]，城市"单核型"发展逐渐产生边际效用递减，许多大都市也已经开始将"多中心"作为破解"单核型"难题的重要举措[10]。

随着交通和信息技术的快速发展，城市内部各要素之间的相互关联和相互作用越来越凸显[11]，城市多中心演化出形态多中心与功能多中心的分异[12-13]，两者并无优劣，但是各有侧重。形态多中心主要是基于静态视角综合考虑中心在区域中的重要程度，通常选用人口密度[14]、就业密度[15-17]、夜间灯光强度[18]、POI 数据[19] 等综合性强的静态数据予以识别，例如，王晖等选用了经济普查数据，基于就业密度对南京都市区的就业中心进行识别，认为南京都市区多中心化的特征显著[17]；马秀馨等运用人口密度对全国地级市城市形态多中心进行了测度，并对其演化模式进行了探索[14]。功能多中心则侧重于中心的某项功能在区域中心网络中的重要性[13]，关注多中心之间的功能关联[20]。通常选用交通路网[21-22]、企业关联[23-25]、信息网络[26] 等要素关联数据进行表征，研究尺度主要集中于区域尺度，例如，马学广和窦鹏基于客运交通流分析了山东沿海城市带的多中心结构，认为其在功能联系上具有明显的规模效应、向心力和内化性特征[22]；赵渺希等基于企业关联网络构建长三角多中心发展模型来探索经济一体化研究框架，认为长三角地区不再是一般意义上的多中心化，而是由复杂纽带联系起来的多中心区域系统[23]。城市空间结构一直以来都是国内外学者关注的重点问题，关于城市多中心的识别的相关研究十分丰富，其中形态多中心识别方法主要包括阈值法[16]、区域密度方程和空间分析方法[27-28]、平滑样条函数[29]、非参数模型[30] 等，功能多中心主要运用复杂网络分析方法予以识别和分析[31-34]。随着 POI 数据、夜间灯光影像等地理空间大数据在城市空间结构相关研究中的应用越来越普遍，空间分析方法也成为学者们识别形态多中心的重要手段，例如，李欣运用核密度估计、热点分析等空间分析方法对郑州市的多中心进行了识别[19]；吴启倩等应用核密度、叠加分析等空间分析方法识别了北京、上海、广州和深圳的城市空间结构[18]。

　　国内外学者对城市多中心空间结构的研究主要聚焦于多中心识别、多中心绩效等方面，针对城市就业多中心形成机理的探索仍有待深入。当前城市就业多中心形成机理的相关研究专注于从定性视角展开，例如，王晖等分析了土地市场、政策驱动、城市空间规划调控以及交通设施体系引导等对南京就业区位模式演变的驱动作用[17]。马智慧和王艳侠认为城市中心区的形成和发展受到地理、经济、社会、文化等多种因素的交织影响，互联网经济、轨道交通等的快速发展为大都市的发展带来了较大的影响[10]。少量学者从定量角度对城市多中心的形成机理进行了探索，认为交通可达性、区位因素、就业可达性等因素制约着就业次中心的形成与发展[35-40]。例如，Antipove 等选用到 CBD 的距离、道路网密度、货运设施等，以及劳动力种族、经验、类别、性别、教育水平、年龄、工资等指标分析了不同规模就业集聚的驱动因素，认为交通机会对中小规模就业集聚的影响较大，劳动力高收入与大型就业集聚密切相关[38]。孙铁山等提出集聚经济和交通可达性是解释就业次中心形成的重要因素[39]。马秀馨等选取城市区位、人口特征、经济水平、基础设施以及土地利用等因素，从城市尺度，运用顾及时间异质性的混合效应模型对城市形态多中心发展的驱动因素进行了挖掘[14]。

　　总体而言，国内外学者针对城市多中心的研究内容丰富、方法多样，但是在以下几个方面仍有待进一步深入：首先，现有研究将城市多中心划分为形态多中心和功能多中心，其中形态多中心考察和识别的是城市的综合功能中心，但是现有研究忽视了城市形态多中心之间的功能关联；功能多中心考虑了城市多中心之间的功能关系，但是多数仅从城市某个单一功能出发。城市多中心之间的关联协同制约着城市多中心空间格局的效应，因此有必要对城市形态多中心的功能关联进行深入探索，为此，本研究拟进行多类型的多中心关联假设，在识别城市就业多中心的基础上，判断就业多中心之间的功能关联。其次，国内外学者对城市空间结构的研究多集中于就业中心的识别、绩效评价等方面，对就业多中心形成机理的研究多为定性分析，定量分析较为少见，而且集中于区域层面，尚未形成统一的研究指标和结论。因此，有必要在识别城市就业多中心的基础上，对武汉市城市就业次中心的形成机理进行探索。为此，本研究拟在挖掘手机 App 移动定位数据，运用空间分析方法识别疑似就业中心的基础上，提出多种类型的多中心关联假设对疑似就业中心进行统计学检验并明确城市多中心之间的功能关联，并运用 Logistic 回归分析方法探索武汉市就业次中心的形成机理。

1. 研究区域、数据及方法

1.1　研究区域

长江、汉江纵横交汇于武汉，形成了武昌、汉口、汉阳三镇鼎立的格局。武汉市作为中部地区的中心城市，2016 年市区常住人口为 1076.62 万人，是我国 7 个超大城市之一，下辖江岸区、江汉区、硚口区、汉阳区、武昌区、青山区、洪山区 7 个主城区和东西湖区、汉南区、蔡甸区、江夏区、黄陂区、新洲区 6 个远城区以及武汉经济技术开发区（汉南区）、东湖新技术开发区、东湖生态旅游风景区、武汉化学工业区、武汉临空港经济技术开发区（东西湖区）和武汉新港 6 个功能区。

1.2　数据来源与处理

（1）数据来源

由腾讯提供的武汉市 2016 年 1 月 25 日至 29 日（周一至周五）的腾讯位置大数据（https://heat.qq.com/）主要用于识别武汉市就业多中心，数据精度约为 1.1km×1.1km，记录了这段期间内使用腾讯 App 定位请求的次数（如社交媒体 QQ 和微信、腾讯游戏、腾讯地图等所有的腾讯服务），某一时间内的重复请求只计算一次。通过百度地图爬取了 2016 年武汉市百度 POI 数据，主要用于测度相对多样化指数、二产企业数量和三产企业数量等指标；提取武汉市 2016 年地理国情普查数据中的交通路网、行政边界等矢量数据对交通路网密度等指标进行计算；查阅《武汉市城市总体规划（1996—2020 年）》以及《武汉市城市总体规划（2010—2020 年）》提取政策因素。

（2）数据处理

在运用手机 App 移动定位数据对武汉市就业多中心进行识别之前，需对手机 App 移动定位数据进行具体分析，获取特定时间的移动定位人口数据作为居住活跃人口以及就业活跃人口分布数据。

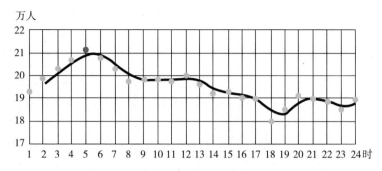

图1　活跃人口小于 6000 人的区域人口总数 24 小时变化

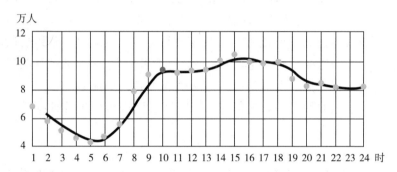

图2　活跃人口在 12000 人以上的区域人口总数 24 小时变化

城市中不同类型空间的人口密度差异较大，如商业空间人口密度往往较高，就业空间次之，居住空间人口密度相对较低。另外根据人们普遍的工作生活习惯，人口流动也具有特定的规律，如普遍认为 8：00~17：00 城市人口多位于就业地，19：00~22：00 则可能位于商区、娱乐休闲场所，22：00~7：00 可能位于居住空间，7：00~8：00 以及 17：00~19：00 人口更可能位于交通空间。相对于就业人口分布而言居住人口分布较为分散，鉴于此，对 1.1km×1.1km 格网定位人口数 24 小时的变化特征进行了分析①②，发现 5：00 时刻居住人口最有可能位于居住空间，10：00 时刻就业人口最有可能位于就业空间（见图 1 和图 2）。因此，分别选用 5：00 时刻和

---

① 由于居住空间和就业空间的定位人口数尚无明确的划分标准，鉴于居住人口分布相对于就业人口分布而言较为分散，人口密度相对更低。因此，在确定居住定位人口时所选用的划分标准值相对较低，在确定就业定位人口时所选用的划分标准值较高，而且均进行了稳健性检验，具体结果可询问通信作者获取。

② 人们在不同时间段的手机使用频率存在差异，因此，以 8：00 时刻定位人口总数为标准，将 24 小时的定位人口总数和格网定位人口数按比例进行了处理。

10：00 时刻的定位人口作为居住活跃人口和就业活跃人口，其中居住活跃人口（就业活跃人口）是指位于居住空间（就业空间）上定位人口最为活跃时刻的人口分布。

1.3　研究方法

以国内外学者的研究为基础，运用残差分析法和多中心模拟对武汉市就业多中心进行识别，选用 Logistic 计量模型挖掘就业次中心的形成机理。

（1）就业中心识别方法

利用 ArcGIS 软件中的反距离权重法，进行空间插值运算。空间插值运算是以插值点和样本点之间的距离为权重，离插值点越近的样本点赋予的权重越大，使用插值点周边范围的就业活跃人口密度值估算出该空间单元的就业活跃人口密度，周边范围空间单元的就业活跃人口密度对该空间单元的影响权重与距离成反比[41-42]，参照沈体雁等[27] 的残差分析法以及其疑似就业中心的选取标准，选取正残差显著性水平为 5% 的地区作为疑似就业中心。由于就业活跃人口密度应是从就业中心向外递减的，因此将仅根据残差分析法选取的但是尚未运用区域密度模型进行数理统计检验的就业中心定义为疑似就业中心。

表 1　多中心假设及对应的拟合方程

假设	假设 1	假设 2	假设 3
	就业中心之间功能相互独立	就业中心之间功能相互互补	仅就业主中心与最近就业次中心之间功能互补
模型	$P = a_j e^{b_j r_j}$	$\ln P = a + \sum_{i=1}^{n} b_i r_i$	$\ln P = a + b_{cbd} r_1 + b_{cent} r_2$
	其中，P 为某个样本区的就业活跃人口密度，r_j 为 j 街道到最近中心的距离，a_j 和 b_j 为参数估计值	其中，n 为就业中心个数，r_i 为各街道到 i 中心的距离，a 和 b_i 为参数估计值	其中，a、b_{cbd} 和 b_{cent} 为参数估计值，r_1 为各街道到 CBD 的距离，r_2 为各街道到最近中心的距离
样本范围	邻域范围	全域范围	全域范围

在识别疑似就业中心的基础上，对就业中心进行统计学检验。考虑到就业中心的发育程度存在差异，就业中心之间的相互作用关系也表现出较大的差异。为此，作出不同的假设，在对疑似就业中心进行进一步检验的同时，确定武汉市就业中心之间的关系[28]。主要进行三种假设：①假设就

业中心均只在邻域范围内发挥作用，武汉市就业中心之间相互独立。②假设就业中心由于具备不同的功能在全域范围内均能够发挥作用，就业中心之间的功能互补。③假设就业主中心（CBD）在全域范围内发挥作用，其他就业次中心（CENT）仅在邻域范围内具有显著影响，就业主中心和最近就业次中心之间的功能互补（见表1）。

（2）就业次中心形成的驱动因素分析方法

二值离散选择模型（Logistic 函数模型）能有效地将变量值限定在 [0，1] 范围内，是否为就业中心明显就是一个二值选择的问题。所以本研究在确定武汉市的就业多中心后，采用了 Logistic 回归模型分析就业次中心形成的驱动因素。Logistic 回归模型的公式为

$$PerC = F(y_{cent} = 1 \mid x_i) = \frac{1}{1 + e^{-y_{cent}}}$$

$$y_{cent} = \alpha_0 + \sum_{i=1}^{n} \beta_i x_i$$

可以推导出：
$$\ln \frac{PerC_i}{1 - PerC_i} = y_{cent} = \alpha_0 + \sum_{i=1}^{n} \beta_i x_i$$

其中，y_{cent} 依据经过统计学检验后确定的就业中心，如果是就业中心则赋值为1，若不是则赋值为0。$PerC$ 为是就业中心的概率。x_i 为解释变量，n 为解释变量的个数，β_i 为驱动因素 i 的回归系数；α_0 为常数项。回归结果中的主要关注指标有以下几个：−2loglikelihood 是量化评价 Logistic 回归的拟合优度效果的主要指标，该值越小越好，可用于对比不同模型的评价效果；Hosmer−Lemeshow 检验则是质性评价拟合优度效果的重要指标，若 $P>0.05$ 则表明模型拟合优度效果较好；另外，还有回归系数、P 值（显著）、OR 值（Exp B）等关键指标，其中，$P<0.10$ 表明该变量对结局的影响具有统计学意义，OR 值大于1表明该因素对就业次中心的形成具有促进作用，OR 值小于1表明该因素对就业次中心的形成具有阻碍作用，OR 值等于1表明该因素对就业次中心的形成无作用。

（3）驱动因素的选取

就业次中心的形成和发展受到诸多因素的影响，根据城市发展理论，劳动力、集聚经济、经济结构、用地限制、交通状况和交通设施等都影响着就业次中心的形成。因此，基于已有文献，本研究着重从劳动力集聚、产业结构、基础设施建设水平、区位条件以及政策因素五个层面构建9个指标探索武汉市就业次中心形成的驱动因素（见表2）。

表 2　武汉市就业次中心形成的驱动因素选取

层面	指标	说明
劳动力集聚	劳动力集聚（AA_i）	$$AA_i = \sum_j L_j e^{-\rho r_{ji}}$$ 其中，i、j、m 均为研究单元，L_j 为 j 研究单元的居住活跃人口。r_{ji} 为 j 研究单元与 i 研究单元之间的距离，采用网络距离予以计算。ρ 为参数，根据 Giuliano（1999）可知 $1/\rho$ 等于平均通勤距离 r，因此，也可选用平均通勤距离来计算 ρ。
产业结构	二产企业数量（ER）	获取武汉市街道制造业和服务业企业个数，为避免因企业数量数值较大而导致结果不明显，将 ER 和 SR 两个指标进行分类，以 100、500、1000、5000 作为节点，获得 ERC 和 SEC 的五分类指标。
	三产企业数量（SR）	
	相对多样化指数（RDI）	$$RDI_i = \frac{1}{\sum_i^n \mid s_{ij} - s_j \mid}$$ 其中，S_{ij} 为 i 研究单元 j 行业类别的就业人数比重，S_j 为武汉市 j 行业类别的就业人数比重。
基础设施建设水平	路网密度（TN）	提取 2015 年武汉市地理国情普查数据中的主干路、次干路、快速路、高速路、国道、省道、县道等作为交通网络，以路网密度（TN）来反映基础设施建设水平。
区位条件	到 CBD 的距离（ND）	分别获取到 CBD 和到高速公路的欧式距离。
	到高速公路的垂直距离（JG）	
政策因素	《武汉市城市总体规划（1996—2020 年）》（ZG1996）	提取总体规划中所规划的城镇体系，将主城的街道赋值为 3，位于重点镇、新城和新城组团的街道赋值为 2，位于中心镇的街道赋值为 1，其余街道赋值为 0，获取两个虚拟变量 ZG1996 和 ZG2010。
	《武汉市城市总体规划（2010—2020 年）》（ZG2010）	

2. 武汉市就业多中心的识别

在对手机 App 移动定位数据进行分析后，选取 10：00 时刻的就业活跃人口数据和 5：00 时刻的居住活跃人口数据对武汉市的就业多中心进行识别和统计学检验。基于武汉市就业活跃人口密度数据，根据残差分析法，最终确定满春街为武汉市的疑似就业主中心，中南路街、沌口街、钢花村街、关东街、前川街、吴家山街、阳逻开发区、纸坊街、邾城街 9 个街道为武汉市的疑似就业次中心。运用式（1）至式（3）分别模拟上述 3 个假设下的拟合情况，结果显示 3 个假设的解释能力均较强，尤其是假设 2 和假设 3 中的 R^2 分别为 89.7% 和 79.2%（见表 3），表明武汉市多中心的空间格局显著。

表 3　多中心假设回归结果

序号	中心标号	假设 1			假设 2		假设 3
		a_i	b_i	R^2	b_i	a/R^2	$a/b/R^2$
1	5	7.328***	-0.128***	0.691	0.0327		
2	4	8.947***	-0.249***	0.444	-0.0525*		
3	8	9.245***	-0.261***	0.828	-0.0481		
4	1	10.079***	-0.218***	0.598	-0.2222***		$b_{cent} = -0.081$***
5	8	5.165***	-0.059***	0.467	0.0356**	$a = 7.380$***	$b_{cbd} = -0.076$***
6	10	8.259***	-0.198***	0.672	0.0336	$R^2 = 0.897$	$a = 9.17$***
7	2	6.020***	-0.128*	0.575	0.1447***		$R^2 = 0.792$
8	7	6.004***	-0.130**	0.521	0.0600***		
9	4	9.734***	-0.286***	0.845	0.0244*		
10	3	5.675***	-0.0925**	0.700	-0.0783***		

注：*** $P<0.01$，** $P<0.05$，* $P<0.1$。下表同。

假设 1 反映的是疑似就业中心在邻域范围内的显著性，结果显示 10 个疑似就业中心回归方程的解释能力均高于 44%，解释能力均较高。回归系数均为负，表明 10 个疑似就业中心均与原假设相符，存在距离衰减效应，尤其是在中心城区（分别以满春街、中南路街、钢花村街为中心的区域）和功能区（分别以关东街、吴家山街为中心的区域）递减的速度更快。假设 2 反映的是疑似就业中心在全域范围内的影响。虽然模型的解释能力最高，但从 10 个疑似就业中心的回归系数来看，仅江汉区满春街、青山区钢花村街、东湖新技术开发区关东街和新洲区邾城街 4 个疑似就业中心的回归系数为负，存在距离衰减效应。只有满春街、钢花村街和邾城街的回归系数能够通过显著性检验，其他 6 个疑似就业中心的回归系数为正。表明从全域范围看，这 6 个疑似就业中心不存在距离衰减效应，与原假设不相符。假设 3 中假设就业主中心和最近就业次中心能够同时发挥作用，结果显示其解释能力较强，就业主中心和最近就业次中心的回归系数均为负，存在距离衰减效应，而且均能够通过显著性检验。综上所述，本研究认为假设 3 最能表征武汉市多中心空间格局的主要特征，因此，可以认为武汉市就业主中心与最近就业次中心的功能互补特征较为显著。同时，由于运用假设 3 对 10 个疑似就业中心进行检验时，显著性较强（$R^2 = 0.792$），可以认为武汉市 10 个疑似就业中心均通过了显著性检验。

3. 武汉市就业次中心的形成机理

基于已识别的就业中心，建立二值离散选择模型，采用劳动力集聚、产业结构、基础设施建设水平、区位条件以及政策因素五个层面共 9 个因素，探索武汉市就业次中心的形成机理（见表 4），经检验，自变量容忍度均大于 0.1，方差膨胀因子均小于 10，表明自变量之间不存在多重共线性问题。

表4　就业次中心形成的驱动因素描述性统计

变量	Obs	Mean	Std. Dev.	Min	Max
劳动力集聚（zAA_i）	182	0	1	-2.293	1.105
相对多样化指数（RDI）	182	0.951	0.218	0.522	1.726
二产企业数量（ERC）	182	1.951	1.119	1	5
三产企业数量（SRC）	182	2.736	1.251	1	5
路网密度（TN）	182	1.77	1.502	0	8.067
到 CBD 的距离（lnND）	182	7.762	3.196	0.615	11.276
到高速公路的垂直距离（JG）	182	6.288	6.739	0.133	44.533
《武汉市城市总体规划（1996—2020 年）》（ZG1996）	182	1.637	1.403	0	3
《武汉市城市总体规划（2010—2020 年）》（ZG2010）	182	1.764	1.327	0	3

共构建两个模型，模型 1 考虑劳动力集聚、产业结构、基础设施建设水平以及区位条件四个层面因素对就业次中心形成的贡献；模型 2 在剔除模型 1 中作用显著较小的因素并纳入政策因素后构建。结果显示，模型 1 和模型 2 均具有较强的解释能力，R^2 分别为 0.404 和 0.499，另外，根据

-2loglikehood 值和 H-M 检验 sig. 值的对比可知模型 2 的拟合优度比模型 1 好（见表 5）。

表 5　就业次中心形成的驱动因素回归分析结果

层面	指标	模型 1			模型 2		
		Coef.	OR 值	P-value	Coef.	OR 值	P-value
劳动力集聚	劳动力集聚（zAA$_i$）	-2.978***	0.051	0.001	-5.027***	0.007	0.002
产业结构	相对多样化指数（RDI）	4.074**	58.819	0.030	5.445**	231.506	0.013
	二产企业数量（ERC）	-0.048	0.953	0.916			
	三产企业数量（SRC）	1.778***	5.917	0.003	2.473***	11.857	0.002
基础设施建设水平	路网密度（TN）	1.448***	4.255	0.001	2.089***	8.080	0.001
区位条件	到 CBD 的距离（lnND）	-0.124	0.883	0.370	-0.225		0.155
	到高速公路的垂直距离（JG）	0.015	0.985	0.848			
政策因素	《武汉市城市总体规划（1996—2020 年）》（ZG1996）				-1.673**	0.188	0.022
	《武汉市城市总体规划（2010—2020 年）》（ZG2010）				2.799**	16.427	0.017
常数	Constant	-14.933***		0.000	-22.687***		0.000
	Pseudo r-squared	0.391			0.499		
	-2loglikelihood	46.96			38.571		
	Hosmer-Lemeshow test	0.989			0.997		

3.1 武汉市劳动力集聚对就业次中心的形成具有较为显著的阻碍作用

劳动力集聚主要反映区域内劳动力人口的集中程度，就业次中心往往形成于劳动力人口大于就业岗位总数的区域，因为这些区域能够提供更多的廉价劳动力，从而促进就业增长[39]。因此，已有研究认为劳动力集聚的地区更容易促进就业的增长。但是武汉市就业次中心形成的驱动因素分析结果与已往研究的结论相反，劳动力集聚对就业次中心的形成具有显著的阻碍作用。因此，武汉市政府以及相关规划部门可以针对性制定相关政策引导劳动力人口向就业次中心集聚，科学高效地引导和促进就业多中心的形成和发展。

3.2 产业结构层面的相对多样化指数和三产企业数量是促进武汉市就业次中心形成的关键因素

产业结构层面的 3 个因素中，RDI 和 SRC 两个因素对就业中心的形成具有显著的驱动作用。RDI 的取值范围为 0.522~1.726，模型 2 的回归结果显示 RDI 取值每增加 1 个单位，就业次中心形成的可能性会增加 231.5 倍左右，在所有因素中其驱动作用最为显著。SRC 的取值范围为 1~5 级，模型 2 的回归结果显示 SRC 每增加 1 级，就业次中心形成的可能性会增加 11.8 倍左右。二产企业数量的分布对武汉市就业次中心形成的作用不显著。总体而言，产业结构层面的相对多样化指数和三产企业数量是武汉市就业次中心形成的两个关键性驱动因素。

3.3 交通路网作为城市空间的润滑剂，对就业次中心的形成也具有较强的驱动作用

交通路网密度越高，企业选址的生产成本就越低，就业者通勤的成本也会降低，进而更容易吸引劳动力前往就业。武汉市 TN 的取值范围为 0~8.067 km·km^{-2}，模型 2 的回归结果显示 TN 对武汉市就业次中心形成的作用显著，街道的 TN 值每增加 1 km·km^{-2}，其成为就业次中心的可能性会增加 8 倍左右。

3.4 区位条件在就业次中心形成中发挥的作用不明显

虽然在现有的研究中，区位条件对于就业次中心的形成发挥了一定的作用。但本研究结果显示区位条件层面包含的 lnND 和 JG 两个指标，均对就业次中心形成的驱动作用不明显，回归系数并未通过显著性检验。到

CBD 的距离对就业次中心形成作用不显著可能是由于武汉市的 10 个就业中心在全市范围内分布较为均衡所致。

3.5 《武汉市城市总体规划（2010—2020 年）》在武汉市就业次中心的形成过程中发挥着重要的引导作用

在引入政策因素后，相对于模型 1 而言模型 2 的 R^2、-2loglikehood 值以及 H-M 检验 sig. 值等均有了一定程度的改进，表明政策因素的加入改善了模型。模型 2 的回归结果显示 ZG1996 和 ZG2020 均对就业次中心的形成具有较为显著的影响，ZG2010 对就业次中心的形成具有正向的促进作用，ZG1996 却是反向的阻碍作用，表明城市总体规划需要根据城市的发展及时予以调整和更新，进而高效引导城市空间结构布局。

4. 结论与讨论

（1）武汉市就业多中心的空间格局显著，就业多中心间的关系表现为就业主中心与最近就业次中心之间功能互补，就业次中心在领域范围内的影响更加凸显。目前，武汉市已经形成了显著的就业多中心空间格局。除了就业主中心满春街外，还形成了 9 个就业次中心，分别为主城区的钢花村街、中南路街和关东街，功能区的沌口街、吴家山街和阳逻开发区以及远城区的郑城街、纸坊街和前川街。

（2）产业结构、基础设施建设水平以及政策因素等层面的部分指标对武汉市就业中心的形成具有显著的促进作用。在分析武汉市就业多中心的驱动因素后发现，产业结构中的相对多样化指数对就业次中心形成的驱动作用最显著，是就业次中心形成的关键性驱动因素；三产企业数量等级的提高会显著增加就业次中心形成的可能性，而二产企业数量的驱动作用十分有限，表明武汉市相比第二产业，第三产业对就业次中心形成的驱动作用更加显著。由此可见，大城市在选用多中心空间发展战略时，应积极优化产业结构，有效引导就业次中心的发展。交通路网密度是武汉市就业次中心形成的重要驱动因素，政策因素中的《武汉市城市总体规划（2010—2020 年）》引导着武汉市就业次中心的形成。

（3）劳动力集聚和《武汉市城市总体规划（1996—2020 年）》对武汉市就业次中心的形成和发展产生了阻碍作用。城市政府部门以及相关规划部门应针对性制定基础设施、社会保障、公共服务等方面的相关政策，科学引导劳动力资源在城市主次中心间合理配置，进一步强化就业次中心的功能，引导和促进就业次中心的发展。同时，城市应当及时更新城市总体规划，科学有效引导就业次中心的形成。

致谢： 在此由衷感谢路易斯安那州立大学王法辉教授和华东师范大学地理科学学院王玉霞老师在本文撰写过程中提供的数据和技术支持。

参考文献

［1］Gottmann J. Megalopolis：The Urbanized Northeastern Seaboard of the United States ［J］. *Economic Geography*，1957，33（3）：189−200.

［2］Harris C D. "The Nature of Cities" and Urban Geography in the Last Half Century ［J］. *Urban Geography*，1997，18（1）：15−35.

［3］Henderson J V. The Size and Types of Cities ［J］. *The American Economic Review*，1974，64（4）：640−656.

［4］Howard E. Garden Cities of Tomorrow ［M］. *London：Organization & Environment*，2003.

［5］Kloosterman R C，Musterd S. The Polycentric Urban Region：Towards a Research Agenda ［J］. *Urban Studies*，2001，38（4）：623−633.

［6］Hall P. Modelling the Post−industrial City ［J］. *Futures*，1997，29（4）：311−322.

［7］Hall P G，Pain K. The Polycentric Metropolis：Learning from Mega−city regions in Europe ［M］. *London：Routledge*，2006.

［8］Liu K，Murayama Y，Ichinose T. Using a New Approach for Revealing the Spatiotemporal Patterns of Functional Urban Polycentricity：A Case Study in the Tokyo Metropolitan Area ［J］. *Sustainable Cities and Society*，2020，59（2020）：1−16.

［9］孙斌栋. 大国城镇化空间格局的战略选择 ［J］. 国家治理，2018（22）：19−23.

［10］马智慧，王艳侠. 从单核型到多中心：大都市中心变迁的历史与未来——以杭州为例 ［J］. 浙江学刊，2021（2）：38−46.

［11］黄琪，李影影，曹卫东，等. 区域空间网络化概念模型与过程研究——以泛长三角为例 ［J］. 华中师范大学学报（自然科学版），2018，52（3）：400−408.

[12] Meijers E J. Summing Small Cities does not Make a Large City：Polycentric Urban Regions and the Provision of Cultural，Leisure，and Sports Amenities [J]. *Urban Studies*，2008，45（11）：2323-2342.

[13] Burger M J，Meijers E J. Form Follows Function? Linking Morphological and Functional Polycentricity [J]. *Urban Studies*，2012，49（5）：1127-1149.

[14] 马秀馨，刘耀林，刘艳芳，等. 时间异质性视角下对中国城市形态多中心性演化的探究 [J]. 地理研究，2020，39（4）：787-804.

[15] Giuliano G，Small K A. Subcenters in the Los Angeles Region [J]. *Regional Science and Urban Economics*，1991，21（2）：163-182.

[16] 孙斌栋，涂婷，石巍，等. 特大城市多中心空间结构的交通绩效检验——上海案例研究 [J]. 城市规划学刊，2013（2）：63-69.

[17] 王晖，袁丰，赵岩. 南京都市区就业空间结构与区位模式演变研究 [J]. 地理科学进展，2021，40（7）：1154-1166.

[18] 吴启倩，钱乐祥，吴志峰. 基于多源数据的特大城市空间结构识别及空间形态研究 [J]. 地理信息世界，2020，27（5）：32-38.

[19] 李欣. 基于 POI 要素空间聚集特征的城市多中心结构识别——以郑州市为例 [J]. 北京大学学报（自然科学版），2020，56（4）：692-702.

[20] 卓云霞，刘涛. 城市和区域多中心研究进展 [J]. 地理科学进展，2020，39（8）：1385-1396.

[21] 黎耕，宗会明. 基于铁路交通的成渝城市群功能多中心度研究 [J]. 西南大学学报（自然科学版），2019，41（2）：109-116.

[22] 马学广，窦鹏. 基于客运交通流的山东沿海城市带多中心结构特征研究 [J]. 现代城市研究，2017（10）：101-109，116.

[23] 赵渺希，黎智枫，钟烨，等. 中国城市群多中心网络的拓扑结构 [J]. 地理科学进展，2016，35（3）：376-388.

[24] 李涛，张伊娜. 企业关联网络视角下中国城市群的多中心网络比较研究 [J]. 城市发展研究，2017，24（3）：116-124.

[25] 魏冶，修春亮，王绮. 空间联系视角的沈阳市多中心城市结构研究 [J]. 人文地理，2014，29（3）：83-88.

[26] 李欣. 基于词向量数据场轨迹引力的多中心识别和空间交互分析 [J]. 地理研究，2021，40（1）：230-246.

[27] 沈体雁，张晓欢，赵作权. 东北地区就业密度分布的空间特征——基于两次经济普查数据的空间计量经济分析 [J]. 经济地理，

2012，32（10）：14-20.

[28] 王法辉，滕俊华. 基于 GIS 的数量方法与应用 [M]. 北京：商务印书馆，2009.

[29] Craig S G, NG P T. Using Quantile Smoothing Splines to Identify Employment Subcenters in a Multicentric Urban Area [J]. *Journal of Urban Economics*, 2001, 49 (1): 100-120.

[30] Mcmillen D P, Mcdonald J F. A Nonparametric Analysis of Employment Density in a Polycentric City [J]. *Journal of Regional Science*, 1997, 37 (4): 591-612.

[31] Vasanen A. Functional Polycentricity: Examining Metropolitan Spatial Structure through the Connectivity of Urban Subcenters [J]. *Urban Studies*, 2012, 49 (16): 3627-3644.

[32] 赵新正，冯长安，李同昇，等. 中国城市网络的空间组织特征研究——基于开发区联系的视角 [J]. 地理研究，2019，38（4）：898-910.

[33] 陈伟，刘卫东，柯文前，等. 基于公路客流的中国城市网络结构与空间组织模式 [J]. 地理学报，2017，72（2）：224-241.

[34] 冯长春，谢旦杏，马学广，等. 基于城际轨道交通流的珠三角城市区域功能多中心研究 [J]. 地理科学，2014，34（6）：648-655.

[35] Giuliano G, Small K A. The Determinants of Growth of Employment Subcenters [J]. *Journal of Transport Geography*, 1999, 7 (3): 189-201.

[36] Veneri P, Burgalassi D. Questioning Polycentric Development and its Effects: Issues of Definition and Measurement for the Italian NUTS-2 Regions [J]. *European Planning Studies*, 2012 (6): 1017-1037.

[37] Liu X, Pan Q, King L, et al. Analyzing the Changes of Employment Subcenters: A Comparison Study of Houston and Dallas [J]. *Urban Studies*, 2019, 56 (12): 2532-2548.

[38] Antipova A, Skryzhevska L, Kung H. The Impact of Geography and Labor upon the Size of Job Agglomerations in Memphis, Tennessee [J]. *Data-Enabled Discovery and Applications*, 2017, 1 (1): 7.

[39] 孙铁山，王兰兰，李国平. 北京都市区多中心空间结构特征与形成机制 [J]. 城市规划，2013，37（7）：28-32，41.

[40] 魏旭红，孙斌栋. 我国大都市区就业次中心的形成机制——上海研究及与北京比较 [J]. 城市规划学刊，2014，4（5）：65-71.

［41］ Mcmillen D P. One Hundred Fifty Years of Land Values in Chicago：A Nonparametric Approach ［J］. *Social Science Electronic Publishing*，2005，40 （1）：100-124.

［42］ Mcmillen D P. Nonparametric Employment Subcenter Identification ［J］. *Journal of Urban Economics*，2001，50 （3）：448-473.

新冠肺炎疫情对湖北经济的
影响及对策建议*

秦尊文　付晨玉①

摘　要： 新冠肺炎疫情是对湖北和全国经济社会产生重大影响的突发公共卫生事件。根据国内外类似事件经验判断，此次疫情对湖北长期经济发展影响不大，但会对短期经济造成明显冲击，二三产业受到较大影响，预计全年经济增速将呈现前低后高的走势。疫情的发生推动了新技术、新业态和新模式发展，有望给湖北产业结构调整带来新的机遇。我们要坚定信心、化危为机、超前谋划，大力扶持中小微企业，引导重点产业发展，深化军民融合协同，争取多方支持开展疫后重振，全力打赢"防治新冠肺炎、恢复经济增长"的双战役。

关键词： 新冠肺炎疫情；湖北经济；产业结构

2020年春节前，新冠肺炎疫情暴发，湖北成为疫情重灾区。为遏制疫情蔓延势头，确保人民群众生命安全和身体健康，省内多座城市先后"封城"，采取关闭交通通道、停运公共交通、推迟复工复产、对小区实行封闭管理等应急措施，限制人员聚集和流动。这些举措在有效控制疫情扩散的同时，难免对生产、投资、进出口和服务消费等造成较大影响，给企业带来经济损失，致使湖北经济下行压力加大。2022年2月12日，中共中央政治局常务委员会会议强调，2020年是全面建成小康社会和"十三五"规划收官之年，各级党委和政府要努力把新冠肺炎疫情影响降到最低，保持经济平稳运行和社会和谐稳定，努力实现党中央确定的各项目标任务。为落实中央"统筹做好疫情防控和经济社会发展"[1]的要求，亟须明确新冠肺

＊　本文于2020年3月发表于《湖北经济学院学报》。
①　作者单位为湖北经济学院长江经济带发展战略研究院。

炎疫情对湖北经济的影响，研究企业复工复产后推动经济恢复发展的应对之策。

一、新冠肺炎疫情对湖北宏观经济的影响

2020 年出现的新冠肺炎疫情是新中国成立以来发生的传播速度最快、感染范围最广、防控难度最大的一次重大突发公共卫生事件[2]。湖北作为疫情最严重的地区，经济社会发展不可避免地受到了较大冲击。此次疫情与 2003 年上半年暴发的非典疫情较为相似，有一定的可比性。2003 年春节后广州出现较多非典患者，3 月 6 日北京市报告首例输入性患者后疫情在北京迅速蔓延，直到 4 月 17 日中共中央政治局常务委员会召开会议后北京才开始全力以赴应对。经过几个月的奋战，北京、广东以及全国疫情都在 6 月结束，全球疫情在 7 月结束。从全国疫情最严重的北京、广东两地来看，当年都实现了疫情后经济迅速恢复和较快增长。北京虽然 2003 年第二季度累计生产总值增速较第一季度下降 3.1 个百分点，但下半年迅速反弹，当年生产总值比上年增长 10.5%，实现了年初的预定增长目标[3]。2004 年，北京生产总值比上年增长 13.2%，创十年新高。广东 2003 年生产总值比上年增长 13.6%（其中第二产业增长 18.0%），创八年新高，但第三产业受到较大冲击，当年增速为 10.8%，大大低于第二产业的增速[4]。从 2003 年全国情况来看，四个季度 GDP 增速分别为 11.1%、9.1%、10% 和 10%，第二季度受非典影响最大①，主要集中在交通运输业、住宿和餐饮业、旅游业等消费服务领域。由于 2003 年我国加入世界贸易组织（WTO）不久，正处于经济高速增长的重工业化阶段，第三产业和最终消费支出对 GDP 的贡献率均不高，疫情没有改变当时中国经济上行的趋势。2001—2005 年，中国实际GDP 分别增长 8.3%、9.1%、10%、10.1% 和 11.4%，逐年提升②。

国际上与此次疫情类似的有西非地区 2014 年暴发的埃博拉疫情和拉美地区 2016 年暴发的寨卡疫情等，短期来看它们都给经济造成了重大打击，但造成的长期影响并不太大。例如，受到埃博拉疫情的影响，2014 年利比里亚的 GDP 增速约下降 8 个百分点，塞拉利昂的 GDP 增速约下降 16.2个百分点，几内亚的 GDP 增速约下降 0.2 个百分点，在短期内给西非经济造成重大打击，还带来粮食危机、服务业受损、矿业开发停滞等问题。但2014 年整个撒哈拉以南非洲地区的 GDP 增速只下降约 0.3 个百分点，所受影响有限，到 2017 年经济恢复较快增长。受到寨卡疫情的影响，2016 年巴

西的 GDP 增长率为-3.3%，整个拉丁美洲与加勒比海地区的 GDP 增速约下降 1.1 个百分点，在短期内对国际旅游业和保健系统造成较大冲击，但在 2017 年经济又恢复较快增长[③]。

可见，从国内外经验来看，重大疫情对经济的长期影响很小，对中期影响也不大，主要是对短期经济有明显的冲击。习近平总书记指出，我国经济长期向好的基本面没有改变，疫情的冲击是短期的、总体上是可控的[2]。因此，本文仅分析新冠肺炎疫情对 2020 年湖北宏观经济的影响。总体判断，由于新冠病毒的传染性比 SARS 病毒强，新冠肺炎疫情对湖北的影响要比 2003 年非典对北京和广东的影响大得多。三次产业均将受到超过非典强度的冲击，但受冲击的程度不同。湖北第一产业受较大影响的主要是蔬菜、水产、畜禽等产品生产，粮棉油等大宗农作物受到的影响相对较小，在党中央、国务院和省委省政府统筹推进春耕生产的工作下，农业整体保持平稳发展。第二产业中，卫生医疗用品产业逆势上扬，保城市运转企业和"停不得"企业没有停产，保城乡居民基本生活的粮油加工企业很快复工，其他绝大部分行业和企业受到冲击，尤其是劳动密集型制造业受要素流动限制首当其冲，生产成本加大，生产、投资和出口中断或减少；同时建筑业也受到较大影响，除抢建医院及配套基础设施外，在省内没有开展其他生产活动。第三产业遭到的打击最大，随着武汉自 2020 年 1 月 23 日开始"封城"，全省各地陆续"封城""封镇""封村"，交通运输、住宿餐饮、批发零售、旅游业、文化娱乐业等服务业受到重创，湖北经历了一个史上超长超"冷"的春节假期。但是，有党中央、国务院的正确领导和亲切关怀，省委省政府带领全省人民科学防控、奋力拼搏，疫情对宏观经济的负面冲击将会被控制在最低范围内，预计全年经济增速将呈现前低后高的走势。与 2019 年同期比，2020 年第一季度生产总值增速将会大幅下挫。因为 2019 年 1 月正常生产，2 月遇春节放假 7 天，假期消费火爆，而 2020 年春节是在 1 月 25 日，1 月的工作日本来就比上年少，加上疫情暴发，假期消费遇冷，工商业无疑将受到较大冲击。2019 年 1—2 月规模以上工业增加值同比增速为 10%，2020 年 1—2 月同比增速将至少降到-30%。3 月中旬后各类型企业才开始陆续复工，3 月工商业难以恢复到上年同期水平，因此预计 2020 年第一季度生产总值同比增速肯定是负值，降幅可能达到两位数，这取决于大面积复工时间和生产能力。预计 2020 年第二季度经济运行将逐步走上正轨，但难以达到上年同期增速，而且上半年生产总值同比增速仍有可能为负值。下半年经济形势进一步好转，生产总值同比增速在熨平上半年的减速之后，全年可以实现一定幅度的正增长。

二、新冠肺炎疫情将给湖北产业结构调整带来新机遇

危机背后往往蕴藏着转机。疫情的发生也引起了人们对生命健康和智慧城市的关注，推动技术变革，促进电商、智慧医疗等新经济快速发展，将给湖北产业结构调整带来一系列重大新机遇。

一是大健康产业加速成长。一次疫情胜过一万次健康宣传。疫情的暴发大大提高了人们的生命健康意识，使人们从对口罩等医疗防护用品及相关上游材料的需求向其他健康领域不断拓展，从而扩大卫生防护、生物医药、医疗保健、休闲养生等产业的发展空间。健康饮食将大大普及，法律约束下，长期以来大行其道的"野味"在餐饮业成为"过街老鼠"，这又将带动健康农业的发展，使得大健康产业链延长、价值链提升。

二是智慧城市建设进一步加快。2003 年非典疫情推动了支付宝、淘宝等快速发展，这次疫情也必将使人们的购物渠道更多地从线下转向线上，深化电子商务、现代物流等产业和新经济的发展。疫情的排查有效地发挥了大数据、物联网的重要作用，将提高人们对信息监测、数据响应、远程诊疗等方面的要求，促进智慧交通、智慧医疗、智慧教育、智慧社区等加快发展。疫情的冲击还将推动机器人、数字化车间、智能工厂等不断涌现，推进传统制造向智能制造转变，促进先进制造业和现代服务业深入融合，推动智慧城市全面发展。

三是"宅经济"迅速蹿红。"宅经济"是随着网络兴起而出现的一个新概念，主要是指在家中办公或者从事商务工作、网上娱乐、线上培训学习等，包括在家中利用网络进行消费。它显著地改变了人们的办公模式和消费模式，使办公场所更多地从单位转向住宅。"宅经济"过去是自发形成的，这次因疫情防控需要而得到一些省市政府部门的倡导和鼓励。"宅经济"迅速蹿红还将进一步促进网红经济、社群经济和平台经济的发展。

四是绿色建造逐步推开。习近平总书记曾要求"中国制造、中国创造、中国建造共同发力"[5]。火神山医院、雷神山医院的"火速"建成和建设直播创造了武汉奇迹，彰显出湖北绿色建造和智慧建造的巨大能力，向全世界展现出中国建造的速度和力量。由此，装配式建筑、智能建筑、节能环保建筑将迎来大发展，中国建造将进一步走向海外。

五是应急产业和军民融合深度发展。这次疫情中，解放军给予了强大

的医疗、运输、防化等多方面应急支持。新建成的火神山医院整体移交给人民子弟兵，形成了军民勠力同心、众志成城的生动局面，为军民融合深入发展注入了新内涵。这次疫情暴发后，虽大规模地建设了方舱医院，但仍反映出湖北应急产业发展不足，今后应加快补齐短板，并使之成为军民融合的重要组成部分。

疫情引发的新业态和新模式将不断带动产业向绿色化、数字化、网络化、智能化、协同化方向发展，高度契合湖北产业转型升级方向，必将给湖北的产业发展带来新的机遇，有利于加快新旧动能转换，促进产业结构调整升级，推动经济高质量发展，培育新的经济增长点。

三、打赢"防治新冠肺炎、恢复经济增长"双战役的对策

面对复杂的经济环境，我们要坚定信心，在全力开展战"疫"工作的同时，尽快调整宏观经济政策和产业政策，采取有效措施控制短期损失，并超前谋划，引导未来经济持续健康发展，打赢"防治新冠肺炎、恢复经济增长"的双战役。

（一）加大疫情防控力度，做好社会稳定工作

一方面，要继续抓好抓实防疫防控各项工作，继续打好阻击战，用好援汉医疗队优质资源，关口前移[6]，加强对重点人群（如境外输入病例人员、特殊场所人群）的排查和救治力度；另一方面，要统一调度全省疫情防护产品、医疗药品等重点生产企业复工复产，畅通绿色运输通道，优先保障重点地区需要，切实提高重要物资的保障水平。同时，要做好米、面、油、菜、肉等群众生活必需品的市场供应，衔接好城市和农村生活必需品流通环节，稳定好物价水平，全力保障群众基本生活需求，做好社会稳定工作。

（二）落实中小微企业优惠政策，有序组织企业复工复产

受疫情影响，当前湖北中小微企业面临着前所未有的严峻挑战，影响和制约了全省社会经济的持续稳定健康运行。随着疫情得到有效控制，为解决中小微企业面临的用工难、融资难、履约难等一系列问题，湖北省政府于2020年2月8日出台了《应对新型冠状病毒肺炎疫情支持中小微企业共渡难关有关政策措施的通知》[7]，从减轻企业负担、强化金融支持、加大财税支持、加大稳岗支持等方面扶持全省中小微企业发展。下一步应加快

落实相关政策，重点解决企业最关心、最直接、最迫切的现实困难，为企业全面复工复产提供帮助。

一要保障复工企业职工安全。各级政府要组织开展复工复产防疫宣传和指导，持续加强疫情监测和统计工作，引导企业职工强化防护意识。同时，各级政府要搭建防控物资生产供应与需求采购对接平台，保障复工企业优先采购生产经营急需的口罩、消毒液、测温仪等防控物资，全力保障复工企业职工安全和企业正常生产经营。二要对受损企业实施精准帮扶。抓紧对中小微企业开展摸底调查，了解企业受损影响情况和主要困难，细化优惠政策。对于严重受损和经营困难的中小微企业，尽快落实优惠政策，帮助企业渡过难关，推动生产和营业顺利恢复。三要设立省级中小微企业救助或振兴基金。依托基金，重点扶持防控贡献企业、行业龙头企业和高新技术企业，优先奖励取得疫情防控重大技术攻关的中小微企业，适当补贴严重受损和就业人数多的企业，建立健全扶持中小微企业发展的长效机制。

（三）深化两业融合，引导重点产业发展

疫情给全省制造业、建造业、服务业等领域带来了不同程度的冲击，影响宏观经济的正常运行，需要发展更加智能化、高端化、现代化的产业体系为疫后重振提供保障。因此，必须超前谋划、精密部署，引导培育新业态和新模式，深入推进湖北先进制造业与现代服务业深度融合。

一要强化疾病治疗、预防和健康服务，突出发展大健康产业。建议明确大健康产业在全省的支柱产业地位，全面编制大健康产业发展规划，重点发展医药医疗产业，鼓励新型生物医药研发创新，扶持中医药发展，支持高性能诊疗设备制造，积极发展智慧健康服务和特色健康服务。二要着力推进新一代信息技术发展和应用，大力发展信息服务业和现代物流业等高技术产业，完善智慧公共服务，推动新型智慧城市建设。三要聚焦发展智能制造及高端装备产业，提高高端医疗器械的创新能力和产业化水平，支持医用机器人的研发制造和应用推广，推进数字化车间和智能工厂建设。四要围绕居住质量改善，大力发展绿色建筑、智慧建筑，推动建筑产业现代化。

（四）优化资源配置，促进军民融合发展

湖北可以利用充足的人才、技术和产业优势，优化资源配置，大力推进军民融合协同创新发展，构建全要素、多领域、高效益的军民融合深度发展格局，促进经济转型升级，实现高质量发展[8]。要落实国家军民融合发展战略，依托军民融合产业示范基地，充分发挥武汉军运会留下的资源优势和品牌优势，建立健全军民融合共享平台，深化军民联动合作机制，大力发展航空、航天、船舶、电子信息等军民融合产业，形成协同创新、成果转化和产业集聚效应。同时，结合国防和军事需要，大力发展平战结合的应急产业，平时应急，战时应战。支持武汉在应急产业中发挥龙头作用，加快随州"国家应急产业（专用汽车）示范基地"、荆门航空应急救援中心和赤壁应急产业园等的建设。

（五）争取多方支持，加快疫后重振

自疫情发生以来，国内外都心系湖北、心系武汉，给予了很多援助和支持。在各方共同努力下，疫情得到有力控制，全省医用物资和基本生活物资供应得到保障。下一步，我们要继续争取多方支持，加快疫后重振，尽快推动社会经济恢复发展。一是争取国家加大支持力度。1998年长江大洪水、2008年汶川地震过后，国家都组织进行了大规模"灾后重建"。这次新冠肺炎疫情给湖北造成多大损失要如实上报，既不能乘机多报、虚报，也不能"逞能"少报、瞒报，争取国家在财政、金融、项目等方面给湖北更多支持。二是争取兄弟省份的支持。"一方有难，八方支援"是社会主义大家庭的传统，在疫情期间全国各地纷纷伸出援助之手，如19个省区市派医疗队对口援助湖北各市州等。但援助属防疫救急性质，疫情结束之后，可逐步引导对口援助从卫生医疗支援扩展到经济社会发展领域，从临时的单向援助转向近期的项目支持和中长期的双向合作。三是争取国际支持。外向型经济是湖北的重大短板，要利用疫情暴发后湖北特别是武汉在全球形成的超高知名度，积极开展全球招商引资，尽快补齐短板。

四、结语

2020年是全面建成小康社会和"十三五"规划收官之年，做好经济工作至关重要。突然暴发的新冠肺炎疫情对湖北乃至全国的经济社会造成较大影响和冲击，增加了全省经济增长的压力。然而，综合国内外相关事件的经验，这种影响和冲击是短期的，我们要用全面、辩证、长远的眼光看待湖北经济社会发展，不断增强信心、坚定信心，变压力为动力、化危机为转机。湖北各级政府既要始终把人民群众生命安全和身体健康放在第一位，毫不放松抓紧抓实抓细各项防控工作，又要加大宏观经济政策的调节

力度，统筹做好经济社会发展各项工作，争取多方支持，深化军民融合，有序推动复工复产，切实扶持中小微企业，聚焦发展重点产业，引导产业转型升级，努力实现 2020 年湖北经济社会发展的目标任务。

注释

① 国家统计局季度数据 ［EB/OL］. http：//data. stats. gov. cn/easyquery. htm？cn＝B01.

② 国家统计局年度数据 ［EB/OL］. http：//data. stats. gov. cn/easyquery. htm？cn＝C01.

③ 世界银行公开数据 ［EB/OL］. https：//data. worldbank. org. cn/.

参考文献

［1］中共中央政治局常务委员会召开会议分析新冠肺炎疫情形势研究加强防控工作 ［N］. 人民日报，2020-02-13.

［2］毫不放松抓紧抓实抓细防控工作　统筹做好经济社会发展各项工作 ［N］. 人民日报，2020-02-24.

［3］北京市统计局 2003 年国民经济和社会发展统计公报 ［EB/OL］. ［2004－02－12］. http：//tjj. beijing. gov. cn/tjsj/tjgb/ndgb/201511/t20151124 _171434. html.

［4］广东省统计局关于 2003 年国民经济和社会发展的统计公报 ［EB/OL］. ［2004-02-26］. http：//stats. gd. gov. cn/tjgb/content/post_1430084. html.

［5］国家主席习近平发表二〇一九年新年贺词 ［N］. 人民日报，2019-01-01.

［6］市委常委会（扩大）会议传达学习习近平总书记考察湖北重要讲话精神 ［N］. 长江日报，2020-03-11.

［7］省人民政府办公厅关于印发应对新型冠状病毒肺炎疫情　支持中小微企业共渡难关有关政策措施的通知 ［EB/OL］. ［2020－02－08］. ht-tp：//www. hubei. gov. cn/zfwj/ezbf/202002/t20200209_2022273. shtml.

［8］秦尊文. 加快推进湖北军民融合协同创新 ［J］. 政策，2018（6）：38-39.

武汉市推动长江经济带绿色发展示范

秦尊文　刘汉全

摘　要：习近平总书记高度重视长江经济带高质量发展，三次发表重要讲话，成为长江经济带高质量发展的重要遵循。党中央、国务院将长江经济带高质量发展上升为国家发展战略，确定长江经济带要走生态优先、绿色发展之路，把修复长江生态环境摆在压倒性位置，共抓大保护，不搞大开发。2016 年，武汉市被国家发展改革委确立为长江经济带绿色发展示范试点城市。近年来，武汉市严格按照试点方案的要求，先行先试，在"建成水环境治理示范城市""建成滨江滨湖生态绿色城市""建成科技创新引领城市""建成绿色产业集聚城市"等方面取得了显著成效，交上了一份满意的"武汉答卷"。

关键词：区域经济；长江经济带；高质量发展；武汉试点

资料来源：武汉市发展改革委、武汉发展战略研究院有关报告

为深入贯彻党的十九大精神和习近平总书记视察湖北重要讲话精神，推动长江经济带绿色发展示范工作，根据国家推动长江经济带绿色发展示范的工作要求，全面、客观、公正地考核武汉特色、先行先试做法，总结和推广武汉市绿色发展新路径、新经验，特开展武汉市推动长江经济带绿色发展示范第三方评估。在湖北省推动长江经济带发展和生态保护领导小组办公室的组织下，由湖北省政府咨询委员会委员、长江经济带高质量发展智库联盟秘书长、湖北经济学院特聘教授秦尊文牵头，以湖北经济学院长江经济带发展战略研究院为依托，组成第三方评估专家组。本次评估以湖北省推动长江经济带发展和生态保护领导小组办公室原则同意的《武汉市加快推动长江经济带绿色发展示范实施方案》（以下简称《武汉示范方案》）为依据，通过实地调研、调阅材料、座谈质询等形式开展评

估工作，形成第三方评估报告。

一、发展目标基本完成

对照《武汉示范方案》提出的 2020 年目标共四大项，即"建成水环境治理示范城市""建成滨江滨湖生态绿色城市""建成科技创新引领城市""建成绿色产业集聚城市"，到 2019 年底已完成或超额完成了绝大多数指标，取得重大阶段性成果。

（一）"建成水环境治理示范城市"多数指标提前完成，剩余两项 2020 年底前可达标

武汉长江大保护格局基本形成，水生态环境整体保护与系统治理能力大幅提升。武汉长江、汉江干堤已达到安全抵御 1954 年型、1998 年型洪水能力；全年中心城区排水防涝能力总体达到 20 年一遇以上水平，易涝点防涝能力基本达到 50 年一遇以上水平；污水集中处理率达到 96.5%，比《武汉示范方案》中提出的中心城区、新城区污水集中处理率分别高 1.5 个和 11.5 个百分点；全市总用水量为 37.99 亿立方米，比《武汉示范方案》规定的节约了 10.76 亿立方米；万元 GDP 用水量为 23 立方米，比 2015 年降低 32%，比《武汉示范方案》规定的多降低了 3 个百分点；饮用水水源地水质达标率保持 100%。长江武汉段水质稳定保持优良，为 40 年来最好水平。

水环境治理重点构建四大生态水网项目：一是黄陂—新洲片区生态水网。推进后湖、盘龙九湖，武湖，柴泊湖，涨渡湖、陶家大湖四个区域水系连通，增加盘龙九湖区域排水通道，提升武湖、涨渡湖湿地生态功能。二是汉口—东西湖片区生态水网。巩固优化东西湖区水系连通格局，重塑中心城区排水港渠健康水生态系统。三是汉阳—蔡甸片区生态水网。完善汉阳六湖连通工程，推进西湖、小多湖及通顺河、沉湖水系连通，增强河湖水体流动性，维护沉湖湿地生态功能。四是武昌—江夏片区生态水网。打通东沙湖水系、梁子湖水系、汤逊湖水系连通通道，建设江南环形水网，提高区域水生态环境承载力。

在水环境治理方面，有两个指标比《武汉示范方案》规定的略低：一是重要水功能区水质达标率为 83.33%，低于《武汉示范方案》提出的 85%，但 2020 年底前有把握完成。二是市政管网末梢水水质检测总体合格率达 98% 以上，没有达到《武汉示范方案》提出的 100% 的目标，但经过努

力 2020 年底前也可以达标。

（二）"建成滨江滨湖生态绿色城市"全面完成

武汉国家生态园林城市、国际湿地城市创建阔步前行，"长江主轴"武汉段风景线渐次铺开，全部完成《武汉示范方案》规定的指标。武汉建成区绿化覆盖率达到 40.02%，绿地率达到 35.74%，建成 5 个湿地自然保护区、10 个湿地公园，人均公园绿地面积为 10.19 平方米。英国《卫报》报道武汉海绵城市建设取得重要成效，并被《参考消息》等多家媒体转载。2019 年 6 月在瑞士格兰德举办的国际湿地公约常委会审议决定，第十四届湿地公约缔约方大会将于 2021 年在武汉举行，这是我国首次承办该国际会议。

"生态城市"建设重大工程主要有以下几个：实施水网联通工程，一次性建成国内规模最大的污水处理厂——北湖污水处理厂；武汉"两江四岸"建成 64 公里、740 余万平方米全国最大的江滩公园，并荣获中国建设工程"鲁班奖"；对核心区内 103 个码头、189 艘趸船进行了整合迁改；货运码头全部退出中心城区，两江核心区码头数量减少 61%，趸船数量减少 63%；硚口区完成 99 家化工企业停产外迁，对搬迁腾退的 1135 片土地实施污染场地土壤修复；武钢实施固体废弃物、工业污水治理，取得明显效果，资源产出率提升了 58.11%，工业固废综合利用率达到 99.8%。

（三）"建成科技创新引领城市"全面达标

武汉科技创新引领作用持续发力，绿色发展科创动力更加强劲，全面完成《武汉示范方案》规定的所有指标。2019 年，武汉高新技术产业增加值突破 4000 亿元，占生产总值的比重达到 25.70%，比《武汉示范方案》规定的多 3.7 个百分点。高新技术企业总数达到 4417 家，比《武汉示范方案》规定的多 117 家，相比 2015 年增长 1.67 倍，居全国副省级城市第五位。全市科技进步贡献率超过 60%，研究与开发（R&D）经费实现 10% 的年均增长速度，每万人口发明专利拥有量为 41 件，比《武汉示范方案》规定的多 6 件，是全国平均水平的 3 倍。人才集聚洼地效应不断增强，引进高层次人才尤其是诺奖级人才创历史新高。

科技创新领域重点推进五个国家新基地建设项目：一是国家存储器基地。投资 1200 亿元，发展存储器产品设计、技术研发、晶圆生产与测试等产业。组建武汉国际微电子学院、长江芯片研究院、国家先进存储产业创新中心、存储芯片联盟、国家 IP 交易中心等。二是国家航天产业基地。投资 1500 亿元，发展航天运载火箭及发射服务、卫星平台及载荷、空间信息应用服务等主导产业，推进火箭及运载服务、材料、低轨卫星和应用等领域的重大项目。三是国家新能源和智能网联汽车基地。投资 1200 亿元，发展智能网联与新能源汽车、智慧交通和智能电网装备、关键技术装备与智能制造成套设备、机器人等产业。建设"汽车+"产城融合示范区和特色小镇。四是国家网络安全人才与创新基地。投资 2200 亿元，建设网络安全学院、网络安全研究院、网络安全创新基地、国际人才社区、中金武汉超算（数据）中心、启迪网安科技孵化园等。五是国家大健康产业基地。投资 2945 亿元，围绕生物医药、医疗器械、医药流通、生物农业、健康服务等重点领域，建设光谷生物城、光谷南大健康产业园、汉阳大健康产业发展区、环同济—协和国家医疗服务区和武汉长江新城国际医学创新区。

需要说明的是，《武汉示范方案》提出到 2020 年战略性新兴产业增加值占生产总值的比重达到 20%，而目前没有这方面的统计数据作为支撑，无法对这一指标进行评估，但对"建成科技创新引领城市"目标没有直接影响，"高新技术产业增加值"在一定程度上可以替代这一指标，而这一指标武汉比较"亮眼"。

（四）"建成绿色产业集聚城市"成果显著

武汉产业结构蝶变升级，产业体系含绿量、含"芯"量、含金量不断提升，可完成《武汉示范方案》规定的目标。第三产业比重从 2015 年的 51% 提高到 2019 年的 60.8%，比《武汉示范方案》规定的高 0.8 个百分点。新一代信息技术产业入选首批国家先进制造业集群，集成电路、新型显示器、下一代信息网络、生物医药入选首批国家战略性新型产业集群，数量与北京、上海并列第一。低碳试点示范稳步推进，超额完成能耗总量和强度"双控"目标。2019 年，武汉市荣获全球绿色低碳领域先锋城市蓝天奖，全球仅四座城市获奖。加快试点建设武汉长江新城（新区）、武汉东湖国家自主创新示范区、中法武汉生态示范城、青山北湖生态试验区、东湖城市生态绿心、硚口汉江湾生态治理试验区，力争在绿色发展重点领域和重大工程上取得明显进展，为长江经济带绿色发展建设积累经验。

二、体制机制不断创新

《武汉示范方案》明确了"四水共治"、科技创新、示范先行区建设等主要任务。武汉市以体制机制创新为突破口，较好地完成了任务。

（一）着力彰显江、湖特色，构建"四水共治"推进机制

一是健全"四水共治"工作机制。设立"四水共治"专门机构，加强水务一体化管理，提高水资源行政管理效率。集中"防洪保安、排水防涝、污水治理、供水保障"等相关工作职能，完善"四水共治"工作会议制度，推动"四水共治"重要决策部署和重大项目的落实。加强智慧水务建设，促进取水、用水、供水、排水、污水处理、再生水利用、防洪的统一管理。深入实施河湖长制，建成市、区、街道（乡镇）、社区（村）四级河湖长制体系，总河湖长是辖区河湖管护的第一责任人，统筹推进管护河湖水域的岸线保护、水污染防治、水环境治理、水生态修复等治水工作，协调解决"四水共治"中的实际问题。推行企业河湖长制，"三长联动"（全市官方河湖长、民间河湖长、数据河湖长联动）网格化管护经验全国推广。

二是推进领导干部自然资源资产离任审计。在"四水共治"方面进行了"三审"。一是施行"上审下"。围绕长江大保护、"四水共治"等重点主题开展专项审计（调查），沿着长江、汉江、内湖一线，全面推开13个区、4个功能区和街乡镇的"上审下"。二是推行"结合审"。结合部门职责、资源特性、功能定位，同步对相关区、街乡镇和企业展开延伸审计。与其他业务审计相结合，对于所有涉及自然资源资产的审计项目，审计方案都明确自然资源资产审计目标和内容，审计报告都专项反映自然资源资产审计情况。三是采取"交叉审"。组织相关区开展交叉审计，实行统一计划、统一组织、统一方案、统一要求、统一报告"五统一"，增强自然资源资产审计的整体性和独立性。

三是开展跨区断面水质考核和生态补偿。武汉市全国首创市域内跨区断面水质考核奖惩和生态补偿机制，在"比较跨区考核断面与上游入境对照断面水质的综合污染指数"的基础上统筹考虑考核断面水质同比变化情况，实施差异化奖惩，并将更多的资金投入长江、汉江沿线水环境治理中。武汉市按长江上下游、左右岸的关系，科学设置了13个监测断面，即左岸的水洪中心、老关村、王家巷、武汉关、天兴洲北、窑头、喻家垴7个断面，右岸的王家湾、杨泗村、武金堤渡口、东兴洲村、东港村、牛家村6个断面；合理设置水质指标，跨区断面水质考核指标主要为化学需氧量、高锰酸盐指数、氨氮和总磷，根据以上4项主要污染物的浓度计算综合污染指数。在此基础上，精细设置奖惩标准。2018年试行期间，长江汉江断面考核共奖励400万元、扣缴1100万元；2019年，长江汉江断面考核共奖励850万元、罚款600万元。通过执行奖罚，形成了自上而下的水质改善压

力，长江大保护的核心意识进一步巩固，长江沿线的污染源整治工作进一步加强，长江武汉段水质持续改善，真正做到一江清水向东流。

（二）发挥科教资源优势，完善创新驱动产业发展机制

武汉充分发挥高校在绿色发展中的科创主力军作用。支持武汉大学、华中科技大学等在汉高校"双一流"建设以及绿色发展相关学科、专业的培育和发展。深入实施了"百万大学生留汉创业就业工程""百万校友资智回汉工程""海外科创人才来汉发展工程"。深入推进高校科研成果转化对接工程。充分发挥企业在绿色发展中的科创主体作用，重点聚焦信息技术、生命健康、智能制造、节能环保、新能源等绿色发展重点领域，着力培育一批科技"小巨人"企业，引进一批高科技领军企业。大力扶持"瞪羚企业""独角兽企业"。强化民营企业的科创功能，支持民营企业建立企业研发中心、工程技术研究中心等研发机构。全市科技进步贡献率超过60%，研究与开发（R&D）经费实现10%的年均增长速度。

（三）划定基本生态控制线，创新区域生态补偿机制

印发《关于进一步规范基本生态控制线区域生态补偿的意见》（武政办〔2018〕34号），采取要素补偿和综合补偿相结合的方式，对市域范围内纳入基本生态控制线的生态资源实施生态补偿。补偿范围是《武汉都市发展区1:2000基本生态控制线落线规划》和《武汉市全域生态框架保护规划》所划定的基本生态控制线区域。补偿对象是各区级政府、街道（乡镇）、村（居）民委员会、集体经济组织成员及其他组织。

补偿方式分为生态要素补偿和综合性补偿。一是生态要素补偿。补偿类别为饮用水水源一级保护区和二级保护区、风景名胜区、湿地自然保护区、自然保护小区、森林公园、郊野公园、水产种质资源保护区、湖泊、湿地公园、绿道、耕地（水稻田）、生态公益林、地质公园等。各类生态要素的补偿标准根据其生态价值、管护成本等计算确定，补偿额为某类生态要素的数量（面积、长度、个数等）乘以相应补偿标准。河流补偿按照《长江武汉段跨界断面水质生态补偿办法（试行）》的规定执行。二是综合性补偿。综合性补偿是根据各区基本生态控制线区域面积占行政面积的比例、人均地方财政收入水平，对区级政府进行的差异化补偿。各区综合性补偿额为区级综合性补偿总额乘以该区综合性补偿系数。各区综合性补偿系数以2016年为基数测算，一定5年不变。

2018年，全市生态补偿资金共76762万元，按市区1:1筹措原则，市

级结算资金额为 38381 万元，江岸、江汉等 7 个区横向转移支付生态补偿资金 18317 万元，黄陂、新洲等 8 个区共获得生态补偿资金 56698 万元。其中，生态公益林、湿地自然保护区及耕地地力保护补贴三类定向使用资金总额为 35293.45 万元，统筹使用资金总额为 21404.55 万元，统筹使用资金主要用于水体修复、农村环境治理及绿化建设三个领域。2019 年，全市生态补偿资金总额为 76392 万元，市区两级财政各需筹措 38196 万元。其中生态要素补偿 67904 万元，综合性补偿 8488 万元。

生态补偿政策的实施，有效缓解了各区生态建设资金缺口，充分调动了各区生态补偿工作积极性。各区合理安排资金投向，加大对水体修复、农村环境整治、绿化建设等重大生态工程的资金投入，有效提升基本生态控制线区域生态环境质量。2018 年以来，全市生态公益林、湿地自然保护区资金补贴标准大幅提升，全市 9.36 万亩生态公益林、42 万亩湿地自然保护区、123.3 万亩耕地得到保护；东湖听涛景区内湖、金潭湖、解放港等水体水质已由劣五类水、五类水提升至四类水、三类水；补助实施蔡甸区 82 个自然湾和江夏区 2156 个村庄新建污水处理设施、改造农村户厕 6.2 万座，农村人居环境质量进一步提升；补助实施江夏区长江两岸造林绿化、黄陂区黄土公路、岱黄公路和新洲区精准灭荒工程等绿化建设类项目，新增绿化面积约 7300 亩，城市园林品质进一步提升。

（四）发挥"绿色指挥棒"作用，建立健全政绩考核机制

制定了研究开发、成果转化和技术推广一体化发展的标准和规划，瞄准绿色设计、绿色工艺、绿色品牌、绿色商标等领域，加强绿色发展新业态、新领域创新成果的知识产权保护，提高企业开展绿色技术和商业模式创新的积极性。建立绿色专利评价指标体系，完善绿色技术专利申请优先审查机制。强化财政资金的引导和鼓励功能，完善政府优先采购绿色标识产品的制度体系，优先扶持绿色关键技术研发，加大对绿色专利应用转化的支持力度。完善绿色税收制度，加大对绿色知识产权的补贴与奖励力度。完善排污权交易制度，累计成交 1703.9 万元。支持城市矿产交易平台发展，发布城市矿产资源"武汉指数"，线上交易量突破 1000 万吨，累计交易 35 亿元。创新全覆盖审计方式、大数据审计方法、生态化审计内容，高质量实施领导干部自然资源资产审计。

探索建立城市生态系统生产总值（GEP）核算体系，开展量化评价和考核，将考核结果作为市区党政领导班子和领导干部实绩评价的重要依据。以自然资源资产负债表为基础，吸收借鉴城市 GEP 核算的相关理论，进一

步优化自然资源价值计量模型和方法，选取资源禀赋优异、生态特征鲜明的区域为试点，探索以水资源为主要内容的自然资源生态价值核算新方法。拟定了《探索建立武汉城市生态系统生产总值核算体系专项工作推进方案》（送审稿），并于 2020 年 6 月 2 日经市政府常务会议审议。计划在东湖生态旅游风景区等地开展 GEP 核算试点，进而探索建立武汉市 GEP 核算体系。

三、示范区建设各具特色

武汉长江经济带绿色示范是一个总题目，六个示范区创造性地写出了不同的篇章，展示了各自的特色和亮点。

（一）长江新城"六个体系"基本建成

坚持新发展理念，主动学习对标雄安新区，以构建"六个体系"为重点，在绿色发展示范方面取得了积极成效。2019 年长江新城起步区城市设计获得世界性大奖 2019 可持续城市和人居环境奖"全球人居环境规划设计"奖项，2020 年长江新城被省政府确定为"长江经济带绿色发展先行区"，规划理念得到国家发展改革委领导的充分肯定，目前正在创建国家生命健康创新发展示范试验区。

一是建立了精简高效的组织体系。成立长江新城绿色发展示范工作领导小组，研究长江新城绿色发展示范重大事项。报请市长江办，印发了《武汉长江新城绿色发展示范实施方案》，统筹江岸、黄陂、新洲相关区域绿色发展示范工作。

二是建立了定位高端的规划体系。坚持"世界眼光、国际标准、中国特色、高点定位"，突出"生态和智慧"两大主题，汇集国内外顶级设计机构、全国知名院士专家智慧，编制形成了总体规划、产业发展、水系统、智慧城市等"一总八专"规划体系，使生态修复、环境保护、创新驱动、绿色发展等理念在长江新城落地生根。

三是建立了科学有序的管理体系。以提升长江新城的整体价值为目标，协调长江新城总体规划所涉及的江岸、黄陂、新洲三个行政区，按照"统分结合、经社分开"的运行模式，加强全域规划统筹，科学管理，确保科学有序绿色发展。

四是建立了"绿色、生命、智能"的现代产业目标体系。在产业顶层设计上，坚持"高端错位协同"要求，与武汉其他区域错位发展，突出高新高效产业和产业链细分领域。编制了《长江新城产业发展规划》，确定了

"绿色、生命、智能"三大主导产业方向；印发《重点发展产业指导目录》，明确了高端服务、金融科技、生命健康等九大重点领域，强化对增量产业的引领作用和存量产业转型的倒逼作用。围绕平台引进行业领军企业，两年来对接 500 强企业 100 多家，签约 4000 多亿元。

五是建立了科学精细的建设体系。优化建设时序，先期启动了新区大道、谌家矶大道和地下综合管廊等骨干工程，同步建设 5G、车路协同、智慧灯杆、传感器等智慧基础设施。高标准建设再生水厂，有序配建一流标准的中小学、国际学校、国际医院、江滩公园等公共服务设施。系统治理辖区内的污染地块，系统修复河流出口河段，协同谋划泛武湖生态水系建设。

六是建立了高效的政策体系。按照《武汉长江新城绿色发展示范实施方案》，细化年度工作目标任务、行动计划和实施方案。确定绿色工地管理、城市 BIM 管理、规划建设管理"一张图"平台、多要素地质调查、河流出口河段综合整治等重点示范项目，研究制定绿色工地规范、绿色建筑标准等。

（二）青山区"四个青山"亮点纷呈

青山区承担了国家循环经济试点、国家园区循环化改造示范试点、国家低碳工业园区试点、服务业综合配套改革试点、国家海绵城市建设示范区、长江北湖生态绿色发展示范区等国家试点职责，开工建设落实长江大保护要求的"北湖产业生态新城"等一批重点项目，青山江滩荣获 C40 城市奖"城市的未来"奖项，戴家湖公园因在生态恢复上的突出成绩获"中国人居环境范例奖"，海绵城市改造和循环化改造获多部委表扬，青山区由"光辉城区"蜕变为全国绿色转型、生态环境优化建设的典范。青山绿色发展示范取得的成效和亮点主要是打造循环、海绵、绿色、数字"四个青山"。

一是打造循环化改造试点，推行"循环青山"。试点期间，青山工业区共投资 161.67 亿元，实施 66 个园区循环化改造支撑项目，构建形成钢铁、石化、电力、节能环保四大产业循环链条，建成园区全覆盖的重点污染物实时监控网络和重点用能单位能源在线监测系统，投资 46 亿元开展湖、山、港、渠、闸、园等生态要素修复，完成戴家湖公园生态修复、白玉山明渠排水改造、武汉渣山公园改造等一批重大生态修复工程。园区资源产出率、能源产出率、水资源产出率、工业固废综合利用率平均提高达 55 个百分点。

二是打造海绵城市建设试点，建设"海绵青山"。青山示范试点项目共

183 项，共投资 95.5 亿元，其中城市水系及城市管渠等重点项目投资 66.7 亿元，小区公建、市政道路、公园绿地 3 类源头项目投资 28.8 亿元。建设十一路、桥头路等市政工程海绵改造里程约 42 公里，29 所学校完成海绵化改造，受益师生近 3 万人。加强生态修复，建成了青山公园、桥南公园、和平公园等生态公园。整治黑臭水体，打造涵水清源绿色景观，全面实施污染控制、水体修复。

三是推进长江经济带绿色发展示范，打造"绿色青山"。谋划建设北湖生态绿色发展示范区，打造北湖产业生态新城，目前"绿色青山"建设取得重要突破：在总体环境质量上，2020 年以来，青山钢花国控监测点空气质量优良率为 83.2%，同比上升 21.2 个百分点；优良天数 119 天，同比增加 31 天。长江青山段考核断面水质，优于水环境功能区标准水质。在人居环境建设上，高质高效完成 23 类、116 个子项目，大力推动戴家湖公园、倒口湖公园、青山矶公园、南干渠游园、武丰闸湿地公园等一批大型公园绿地的建设，其中戴家湖公园获评"中国人居环境范例奖"。目前全区人均绿化面积达 17 平方米，绿化覆盖率全市领先，城区环境面貌发生了翻天覆地的变化。

四是建设大数据产业园，打造"数字青山"。成立武钢大数据产业园有限公司，推动传统制造企业数字化转型。发挥现有优势，开展科技园项目的建设、开发、管理和服务，启动计算机、自动化、网络通信系统及软硬件产品的研究、设计、开发、集成和外包、咨询服务，研发设计不间断电源、蓄电池、精密空调新产品。利用数字化信息技术，开发出通信云平台、虚拟运营商、网络系统集成。抓住新基建国家政策有利时机，投资大数据科技行业，加强互联网数据中心建设，开展建筑智能化设计、施工、安装和维护，提高数据处理服务水平。

（三）硚口区老工业基地转型效果明显

作为老工业基地，硚口区紧抓列入绿色发展示范区的机遇，强力推进转型发展、绿色发展，成效突出。

一是汉江湾生态治理试验区建设顺利推进。打造老工业区搬迁改造与创新发展的典范，开展老工业区产业功能重塑示范。持续推动工业企业搬迁、集体厂房拆迁、老旧社区环境改造、老厂房改造升级等重点工程。着力引进总部型、创新型、引领型企业，加快建设众创空间、孵化器、加速器，持续推进 D+M 工业设计小镇、新能源汽车产业园等新兴产业园的建设，打造汉江湾科创总部基地。开展生态环境综合治理示范，加强水环境保护与排水设施建设。

二是污染源头治理工作走在全市前列。投入 10 亿元实施化工企业土壤修复工程，完成 1135 片土壤修复 22.8 万平方米，原力诺场地对照最新实施的国家标准完成阶段性验收，二期修复方案已编制完成，即将启动实施。加强汉江水源地保护。先后制定实施了《硚口区水污染防治行动计划工作方案》《长江大保护十大标志性战役实施方案》《河湖流域水环境"三清"行动方案》。在全市率先完成汉江沿线码头、趸船整治，优化调整码头 18个，集并、撤除码头 12 个，宗关、晴川桥断面水质稳定在二类，达标率为100%。全面推进"四水共治"。启动张毕湖水环境治理，累计完成投资额5300 余万元。全面完成汉丹铁路沟、园博园导流沟黑臭水体整治。加强雨污分流设施建设，福新污水泵站、肖家地泵站建设完工，2019 年硚口区水环境质量全市排名前列。

三是生态环境能级得到明显提升。完成张毕湖公园、竹叶海公园设计方案，启动警察公园、小黄鹤楼游园建设，实施南泥湾大道、京汉大道等主要道路绿化景观改造提升，形成通江、达湖、成网的城市"绿脉"。大力推广绿色建筑，积极推进竹叶海、双墩等社区低碳节能建设，加快古南、云鹤等老旧社区改造，建设一批绿色生态示范社区。投放生活垃圾分类智能系统 20 余台，累计建成停车泊位 1.25 万个，选定充电桩建设点位9000 个。

四是绿色发展动能后劲增强。大力发展现代商贸、工业服务、健康服务三大产业，积极推进汉江湾科创总部基地落地，华中地区首个医疗技术交易专业平台——中国技术交易所医疗技术中心建成运营，交易额突破2000 万元，搭建各类公共技术服务平台 20 余个，集聚科技型企业 200 余家。成功举办武汉首届世界大健康博览会金融展，德国 SAP 集团华中总部等 11 家"五类 500 强"企业和项目签约落地，引进投资 30 亿元以上现代服务业项目 2 个，引进三峡电能、华锦控股等重点企业 250 余家。积极推进江汉湾生态综合治理，把一个废旧的炼铜厂区打造成科创产业园区、创新创业综合体、众创空间乐园。

（四）东湖高新区绿色与发展双赢

东湖高新区抓住绿色发展示范的契机，制定任务清单，建立调度机制，以强烈的责任感、使命感深入推进绿色发展示范工作，使绿色与发展获得双赢。

一是狠抓生态修复。针对中央与省级环保督察交办的问题、生态警示片发现的问题，以及高新区生态环境短板，大力推进整改落实。采取应急抢修模式加速推进南湖攻坚战，119处市政管网混错接改造全部完成，中南财经政法大学等6所高校均已完成校内雨污分流改造，完成社区及企事业单位雨污分流96个。深入践行河湖长制，2019年11月全省河湖长制培训班现场考察学习牛山湖经验。推进黑臭水体治理，7条黑臭水体中5条已初见成效、2条实现长治久清。

二是深化环境保护。高新区管委会加强监管引导，持续优化生态红线，严控红线内各类活动，科学筑牢生态安全屏障。创新环境监测机制，委托第三方开展污染源排查，运用信息化平台实时监测水环境。企业落实节能审查和清洁生产要求，年省电量5.2亿度，富士康等8家重点耗能企业均完成碳排放履约任务，长江存储等10家企业共获545万元市循环经济专项资金支持。

三是强化生态创新能力。光谷科技创新大走廊核心承载区规划建设顺利启动。先进存储产业创新中心、数字化设计与制造创新中心、信息光电子创新中心等国家级高水平技术创新平台加快建设。持续举办"光谷青桐汇"，观摩人数超过6万人，累计融资近32亿元。

四是推动产业绿色发展。始终以新发展理念引领产业低碳发展。大力发展"纤、芯、屏、端、网"和生命健康等高新技术产业，大力发展总部经济和数字经济。实行负面清单管理制度，杜绝高耗能、高污染项目在高新区落地。强化产业节能减排，指导显示面板企业建立循环利用系统，助力减排增效。引入华新环境集中处理生物医药生产试验废液，利用水泥窑协同处置技术将废液无害化制成水泥，让生物医药产业种下"绿种子"。加快发展环保技术和产业，推进建设中钢天澄院士专家工作站、中科固废资源工业技术研究院，致力为长江经济带工业超低排放和固废处理提供新方案。

五是加快绿色新城建设。高标准规划建设"光谷中央生态大走廊"，统筹整合辖区内各类空间资源和生态人文要素，打造"颜值高、气质佳、国际范"的绿色空间。目前生态大走廊已经完成规划工作，进入土方施工阶段。科学布局绿色出行网络，构建轨道交通、BRT线路、有轨电车、快速路网的多元复合化交通系统，方便居民出行，减少碳排放。加快绿色建筑发展，新建绿色建筑占新建建筑的比例达95%，建成全国最大的绿色仿生建筑——"马蹄莲"新能源研究院大楼，充分利用光、风、雨等自然资源，完美融合科技与自然。开放运营4座公园，正在加快建设5座公园。新增公园绿地面积40万平方米，累计建成20公里生态绿道，更好地满足居民休闲娱乐需求。

（五）中法武汉生态示范城国际合作特色突出

中法武汉生态示范城是中法两国元首敲定的合作项目。在绿色发展示范方面，积极争取法方支持。

一是生态治理，中法联手全域推进。主动与法方协商，将什湖生态治理作为法国先进湖泊治理理念和技术解决水环境和水安全问题的标杆性项目，着力构建江河湖连通、山水生态相融，中法共同编制规划方案，申请法国开发署贷款，高罗河、香河生态廊道整治工程加快推进。

二是低碳市政建设，中法联手高标准推进。规划总长8.1公里的地下综合管廊是生态城海绵城市建设的重要组成部分，目前已完成3.4公里主体结构。融合法国"小街区、密路网"生态城市建设理念，积极推进总里程52公里的区域路网建设，琴润大道、生态城大道等主干道建设取得实质性进展，启动区路网全面动工。与法国电力集团成立合资公司，共同规划建设低碳智慧能源站，建成后将实现108万平方米建筑的集中供冷采暖，能源综合利用率超过80%。

三是绿色产业发展，中法联手深入推进。引进大型央企参与生态城开发建设，签约落户中法之星、中法智慧谷、智慧产业园等项目；优炫信息安全产业园一期项目积极推进，太空科创园科普教育基地项目启动建设。下一步将积极引入在可持续发展、教育文化、医药健康、体育休闲、娱乐时尚等领域的知名法国企业和项目。建成使用中法城市可持续发展论坛永久会址，2019年获评全国生态文明建设先进县（区）、第五届湖北省环境保护政府奖、武汉市生态环境保护先进集体。

（六）东湖风景区"三个转变"成功实现

东湖风景区以水环境治理为中心，探索出水岸、湖塘、流域、社会共治的科学治水之路，推动东湖成功实现"三个转变"：从"最大城中湖"向"最美城中湖"转变；从"武汉东湖"向"世界东湖"转变；从"绿水青山"向"金山银山"转变。

一是水生态修复高效能实施。目前，东湖已取得锁定岸线、退渔还湖、小游船整治、湖边塘治理、排口整治、全域保洁、尾水不入湖、水质监测加密八项阶段性标志性成果。经过水岸同治、湖塘并治、流域齐治、社会共治等一系列科学生态综合治理手段，东湖水质逐步好转，东湖最大子湖郭郑湖和汤菱湖创 40 年来最好水平，武汉东湖被水利部评为"长江经济带最美湖泊"，是沿线 11 个省市唯一入选的城中湖。2019 年 11 月，东湖入选全国首批示范河湖建设名单。

二是综合环境治理高质量完成。全力打好污染防治攻坚战，全面落实河湖长制，强力推进"排口革命"，实施排口综合整治，东湖基本实现了"污水进管网、雨水入湖塘"目标。全面取缔经营性养殖，全力推进"游船革命"，逐步恢复东湖自然生态。全面实施"文化、美化、彩化、亮化、智化、净化、优化"东湖绿道提升建设工程，推进各项基础设施建设，全面提升景区旅游品质。重点实施天际线 360 度全方位管控，完成东湖沿线 42 个湖边塘生态化景观治理。

三是"大湖+"发展高水平推进。已经实现了"大湖+旅游""大湖+外交""大湖+体育""大湖+文创""大湖+节庆"等。随着"东湖绿心"蓝图的日益明晰，东湖风景区游客接待量屡创新高。2018 年，全区接待游客 2092.6 万人次，同比增长 62.8%，实现旅游收入 7.6 亿元，同比增长 58.3%；2019 年接待游客 2359.16 万人次，同比增长 15.13%，实现旅游收入 65.34 亿元，同比增长 13.56%。列入重大项目清单的 19 个示范项目，截至 2020 年 5 月底已全面启动 18 个，13 个已完成；计划总投资 77.79 亿元，已完成投资 65.34 亿元，占计划总投资的 84.00%。

四、工作经验总结

武汉绿色发展示范取得了预期的效果，其经验初步总结起来包括以下三个方面。

（一）领导重视，市区联动

武汉全市上下始终把推动长江经济带绿色发展作为重大政治任务，坚持把自己摆在国家赋予的使命中去谋划定位。实行"首长负责制"，成立由市委、市政府主要领导任组长的长江经济带发展领导小组。以"共抓大保护、不搞大开发"为导向，坚决把修复长江生态环境摆在压倒性位置，谋划顶层设计，科学编制了《武汉市加快推进长江经济带绿色发展示范实施方案》，定期研究，统筹推进示范区建设工作。在具体实施过程中，政府主要领导挂帅上阵，市区两级上下同心、系统推进。在系统集成中，协调中央在汉单位、央企，统筹水务、环保、交通、旅游、财政、国土规划、公安、考评等职能部门，集合沿江各区的力量，强化跨部门跨区域联动。在专项治理时，成立专项战役指挥部，出台专项战役实施方案，打好长江大保护标志性战役。绿色发展示范工作，成为武汉市近年工作的一大抓手，达成了强烈共识，形成了巨大合力，实现了明显的联动效应。

（二）突出重点，科学施策

长江经济带武汉绿色发展示范区重点承担三项任务：水环境治理、生态绿色城市建设、科技创新引领绿色产业发展。

在水环境治理方面，武汉精准施策、分类治理，紧盯主要矛盾和薄弱环节，以"一水一策"为基础，实施个性化治理；以"三清行动"为抓手，推进系统化治理；以政企合作为重点，推进"资本+"治理，在河湖水系提升方面取得了明显成效。

在生态绿色城市建设方面，武汉创新长江岸线综合整治模式，点面结合、上下同步，全面加强系统集成，强化跨部门跨区域联动；大力实施系统治理，成立武汉长江大保护15个专项战役指挥部，同步出台15个专项战役实施方案，从岸上到水中、从末端到源头，对长江水环境开展全面整治。

在科技创新引领绿色产业发展方面，创造性设立了"虚拟机构、实体运作"科技成果转化局，建设高效、灵活、运转自如的组织架构。积极承办国内外绿色发展、生态环境重要交流活动，如C40城市可持续发展论坛、长江经济带生态环境保护与绿色发展论坛、武汉国际水科技博览会、中国城镇水环境治理高峰论坛等，提升了武汉绿色技术影响力。充分利用科技大市优势，建成科技成果转化线上平台，开展科技成果转化专场签约活动，提供全方位科技成果转化服务。总之，得益于绿色发展示范建设，武汉在生态修复、人居环境、重工业区转型等方面，交出了一份可喜的答卷，取得了满意的成绩。

（三）建章立制，行稳致远

建章立制，是武汉绿色示范发展取得成功的制度保证。通过制定《长江武汉段跨区断面水质考核奖惩和生态补偿办法》，科学制定考核标准，推动生态环境从普遍责任向精准定责转变；制定量化奖惩标准，推动环境考核从一般定性向精准定量转变；奖惩改善下降扣缴，推动生态补偿从纵向补偿向横向补偿转变。2019年，长江汉江断面考核罚款600万元、奖励850万元。武汉自推行河湖长制以来，完善以"官方河湖长"为主导的治理管护责任体系，健全以"民间河湖长"为主体的社会监督参与体系，建立以"数据河湖长"为支撑的全天候智慧治水体系，提升了河湖长制管理效率，得到国家部委认可并在全国推广。武汉积极推进领导干部自然资源资产离任审计试点改革，创新全覆盖审计方式，创建大数据审计平台，创优生态化审计内容，压实了领导干部在绿色发展示范方面的责任和担当。

五、对策建议

为进一步发挥武汉在长江经济带的绿色发展示范作用，我们提出以下建议。

（一）进一步统一思想认识

近年来，武汉长江经济带绿色发展示范工作已经取得显著成果。但要充分认识到，绿色发展示范要从理念转变为行动，从文件落实到基层一线，需要付出巨大的努力。强化"多规合一"，实现治水蓝图共绘，就要树立全市一盘棋，堵住行业和地方本位主义思想。开展防洪保安工程，完善排涝设施体系，实施中心城区雨污分流建设，以及土壤污染防治、大气污染防治、船舶污染防治、固体废物污染防治，推进"游船革命"、沿线湖边塘治理，等等，其实要解决的都是武汉市多年的"老大难"问题，几乎人人都认为应该整治，但是一旦真正实施起来，具体落实到某个人、某个企业、某个区、某个街道，又会遭到强烈反对和百般阻挠。武汉市绿色发展示范试点在比较短的时间内取得了明显成果，尤其要在今后持之以恒地深入推行下去，就要进一步深化认识，敢于啃硬骨头，下真功夫，革既得利益者的命，以对子孙后代负责的决心打一场环境治理攻坚战，换来绿色发展示范区的显著长效成果。

（二）全面推进 GEP 核算

武汉市推进城市生态系统生产总值（GEP）核算，是推进绿色发展的一大抓手，应继续坚持和完善。要系统比较研究全国各地的 GEP 核算试点经验和方法，确定 GEP 核算的概念、范围和指标体系，初步建立起符合武汉实际的核算标准。明确试点内容，建立 GEP 相关数据统计调查监测体系，完善 GEP 核算体系和技术规范，探索区级主导、部门协作并委托第三方科研机构高效开展 GEP 核算的路径。明确成果应用，探索建立武汉生态补偿制度和有关激励机制，以 GEP 作为市对区、区对街道进行生态补偿和转移支付的主要依据，分步构建以 GEP 为核心的绿色发展考核评价指标体系。

（三）坚定不移发挥科教优势

如果说优越的区位条件是武汉的先天优势，那么丰厚的科教资源则是武汉的后天优势。2018年4月，习近平总书记视察武汉时强调："80多所高等院校，在校大学生100多万人，去年30万大学生留下工作。这是一笔宝贵资源。要把科教优势、人才优势转化为推动长江经济带的发展优势。"今后要继续做好大学生留汉和创业就业工作。2020年4月8日，教育部组织第一批48所全国高校对口支持湖北高校，受援的48所高校包括8所中央部委直属高校、30所省属本科院校、10所高职院校，主要是开展毕业生就业创业工作"一帮一"行动。多留一些大学生、硕士生、博士生，就为武汉留住了明天。

武汉科教综合实力居全国第三位。得益于雄厚的科教实力，武汉的存储器、光电子、生物医药、生物能源等领域在全国处于"领跑"地位，卫星导航、量子测量等少数领域在全球基本上处于"并跑"地位，武汉应继续在这些领域发力，要尽快打造出"纤—芯—屏—端—网"万亿级产业集群。

武汉要争创综合性国家科学中心。建设综合性国家科学中心的基础条件有以下几项：一是要有3个以上重大科技基础装置，二是要有一批国家级的重大创新平台，三是要有一批"双一流"高等院校，四是要有一批世界级的领军人才，五是要有若干先进产业集群。这五项条件武汉全部具备。现在全国已有合肥、上海、北京、深圳四个综合性国家科学中心。应全力争取国家支持，将武汉创建成全国第五个综合性国家科学中心。

（四）加快疫后重振绿色发展

一是借机调整产业结构和就业结构。要抓住疫情带来的产业结构调整机遇，进一步抓紧抓实长江经济带绿色发展，加快武汉四大国家级产业基地和大健康产业基地、华星光电显示面板、中金数谷武汉大数据中心等一大批高端产业项目建设，鼓励发展生态旅游、生命健康、绿色建造、智能制造、线上服务等新兴产业，扩大就业需求，优化就业结构，促进劳动力就业绿色化、生态化。

二是加快推进企业"满血复活"。要广泛调查企业受损情况和主要困难，争取全国各地在资金、项目、政策等方面的对口支援，切实履行相关支持政策，简化审批流程，提高服务效率，帮助企业渡过难关，确保企业顺利复工复产和持续平稳运营。同时，要进一步优化投资环境，依托"纤、芯、屏、端、网"龙头企业和长江经济带发展战略，将更多项目"引进来"，也加快促进湖北企业"走出去"，推动外向型经济发展。

三是大力发展绿色产业。要贯彻落实生态优先、绿色发展战略，抓紧抓实抓细疫情防控生态环境保护工作，确保生态环境质量持续改善和环境安全。还要大力发展生态环保、绿色建造、智能制造等产业，加快培育绿色产业领域新的经济增长点，释放绿色消费、生态消费的巨大潜力，形成疫情防控长效机制，持续推动长江经济带高质量发展。

参考文献

［1］韩士元．城市经济发展质量探析［J］．天津社会科学，2018（5）：83-85.

［2］冷崇总．构建经济发展质量评价指标体系［J］．宏观经济管理，2019（4）：43-45.

［3］李咏涛．经济增长与环境保护的库兹涅茨曲线分析［J］．经济理论与经济管理，2019（2）：35-39.

［4］倪琳．中国生态消费发展评价指标体系与实证研究［J］．中国国土资源经济，2017（5）：68-72.

［5］顾朝林．中国城市地理［M］．北京：商务印书馆，1999：318-320.

［6］俞勇军，陆玉麟．省会城市中心性研究［J］．经济地理，2018（3）：352-357.

［7］周艳．促进中部崛起的税收政策选择问题探究［J］．现代商业，2018（3）：257-258.

［8］王锐淇．区域创新能力影响因素的空间面板数据分析［J］．科研管理，2020（3）：17-26.

［9］陈雯．环境库兹涅茨曲线的再思考——兼论中国经济发展过程中的环境问题［J］．中国经济问题，2005（5）：42-49.

［10］倪琳．中国生态消费发展指数测度研究［J］．中国人口·资源与环境，2018（3）：2-11.

以长江航运高质量发展
推动长江经济带发展

秦尊文[①]

交通运输部出台的《关于推进长江航运高质量发展的意见》，以习近平新时代中国特色社会主义思想为指导，以"共抓大保护、不搞大开发"和"生态优先、绿色发展"为根本遵循，着力将长江航运打造成交通强国建设先行区、内河水运绿色发展示范区和高质量发展样板区，必将为全面推动长江经济带高质量发展提供坚实支撑和有力保障。

一、长江航运高质量发展在长江经济带发展中的重大意义

首先，长江航运是长江经济带形成和发展的前提。长江因为有航运，才有"长江经济带"；黄河没有航运，就不能形成"黄河经济带"。2013年7月21日，习近平总书记在武汉阳逻港考察时指出："长江流域要加强合作，充分发挥内河航运作用，发展江海联运，把全流域打造成黄金水道。"这一指示吹响了长江经济带建设的号角，也赋予了长江航运重要使命。国务院2014年发布的《关于依托黄金水道推动长江经济带发展的指导意见》，在布置的七个方面工作中将"提升长江黄金水道功能"放在首位，并提出"加快上海国际航运中心、武汉长江中游航运中心、重庆长江上游航运中心和南京区域性航运物流中心建设"。2016年1月、2018年4月、2020年11月，习近平总书记先后在重庆、武汉、南京召开的长江经济带发展座谈会上明确提出"抓好航道畅通、枢纽互通、江海联通、关检直通""沿长江通道集合了各种类型的交通运输方式，要注意加强衔接协调，提高整体效率""系统提升干线航道通航能力"的要求，充分体现了长

---

① 作者系湖北省政府咨询委员会委员、长江经济带高质量发展智库联盟秘书长、湖北经济学院长江经济带发展战略研究院执行院长。

江航运在长江经济带发展中的重要地位。

其次，长江绿色航运是长江经济带绿色发展的重要内容。水运作为用水但不耗水的运输方式，具有投资省、运能大、占地少、污染轻、安全性高等优点，在经济社会发展中起着重要的运输保障作用。在各种运输方式中，水运不仅成本最低，并且最容易达到绿色环保要求。近年来，通过深化绿色航道工程技术研究应用、持续推动长江干线绿色综合服务区和水上洗舱站建设、推广使用 LNG 动力船和纯电动船等新能源船舶、实施港口岸电设施和船舶受电设施建设改造等，长江航运"绿化度"进一步提升，成为长江经济带绿色发展的重要"方面军"。

最后，长江航运高质量发展助推新发展格局。2019 年，长江干线货物通过量达 29.3 亿吨，同比增长 8.9%；2020 年通过量为 30.6 亿吨，同比增幅超过 4.4%，创历史新高。其中，干线港口货物吞吐量达到 33.0 亿吨，同比增长 2.1%，在全国港口货物吞吐量中占比为 22.7%，均再创历史新高。长江是货运量位居全球内河第一的黄金水道，承担了沿江地区 85% 的煤炭、铁矿石以及中上游地区 90% 的外贸货运量。长江航运为构建以国内大循环为主体、国内国际双循环相互促进的新发展格局作出了积极贡献。

二、在新发展格局背景下服务于长江经济带高质量发展

长江航运是实施长江经济带发展战略的重要基础，是推动其发展的先手棋。要着眼融入和服务国内国际双循环相互促进的新发展格局，着力构建发展绿色化、设施网络化、船舶标准化、服务品质化、治理现代化的长江航运高质量发展体系，为长江经济带高质量发展贡献航运力量。

（一）走生态优先、绿色发展之路

依法加强长江航运资源保护。坚决落实《长江保护法》，提高岸线、水域、土地的集约化使用率。加大建设项目环保投入力度，落实环境保护和生态修复措施，促进长江航运与生态保护协调发展。

加强船舶和港口污染防治。加快制修订长江船舶与港口污染防治相关法规和标准，强化制度约束，切实提高船舶与港口污染防治水平。加快淘汰污染物排放不达标的船舶，规范船舶水上拆解行为。实施严格的长江水系船舶排放控制，加快推进长三角等大气污染物排放控制区建设。实施航道建设生态示范工程。积极推进生态护岸、生态修复等工程建设。提高疏浚、吹填施工水平，促进航道维护和航道工程疏浚土综合有益利用。

加强绿色环保新技术的推广应用。在长江航道系统治理、港口建设和运营、长江干线船型标准化以及现代安全监管体系中，积极推动绿色环保关键技术的研究与开发，加快淘汰技术落后、污染严重、效能低下的装备和设施，探索建设集岸电、污染物接收等服务于一体的水上绿色航运综合服务区。逐步推行以400总吨及以下运输船舶"船上储存、交岸处置"为主的排放治理模式。

（二）增强航运中心服务功能

航运中心是有效聚集港口、交通、产业等多种要素资源优势的重要媒介与手段。要加快上海、武汉、重庆三大航运中心建设，完善和增强其服务功能。其中武汉长江航运中心作为沟通长江流域上下游的枢纽和桥梁，与上游重庆、下游上海航运中心彼此协调呼应、互为支撑。要发挥航运中心的枢纽作用，实现长江经济带各类要素资源有机融合，推动形成"龙头牵引""龙腰支撑""龙尾摆动"的协同发展格局，共同促进长江经济带高质量发展。

充分发挥市场在资源配置中的决定性作用并更好发挥政府作用，打造以航运交易、科技研发、投融资、保险、人才培训、信息交流为服务重点的现代航运服务中心。着力完善上海、武汉、重庆、南京四大航运交易所功能，构建船舶、货运、人才和航运技术及知识产权交易等平台，形成航运金融、法务、政务、信息、电子商务、文化等服务体系，发挥集聚航运要素资源、规范航运市场行为、激发市场主体活力、促进港产城融合发展的作用。

（三）稳步推进航道系统治理

首先，加快干线航道系统治理。加快实施一批重大航道治理工程，加快推进航道整治工程建设，重点推进长江航道"645工程"，打通长江中游"肠梗阻"。在2021年3月完成安庆至武汉段6米水深航道整治工程的基础上，加快推进武汉至宜昌段4.5米水深航道整治工程；积极推动实施三峡枢纽水运新通道和葛洲坝航运扩能工程，打通"瓶颈"制约。推进长江干线航道扩能提升工程，实现长江干线3000吨级船舶直达宜宾、5000吨级船舶直达重庆、万吨级船舶直达武汉、5万吨级船舶直达南京。

其次，提升支线航道通行能力。加快推进岷江、嘉陵江、乌江、湘江、沅水、汉江、赣江、信江、合裕线等航道建设，基本建成长江水系主要支线高等级航道。加快实施京杭运河航道整治和船闸扩能改造，努力打造高效畅通的南北水运大通道。

（四）深化供给侧结构性改革

畅通对外通道。加强南京、苏州、九江、武汉、重庆等主要港口集疏运体系建设，促进沿江枢纽港、支线港协同发展，不断提升江海直达运输覆盖范围和服务能力。充分发挥长江黄金水道连接"海上丝绸之路"的优势，推进长江经济带与东北亚、东盟、俄罗斯和东欧、非洲等地水路互联互通，对内提速扩能、畅通瓶颈水域，对外与有关国家共同推进通道建设改造，强化沿江港口口岸设施设备衔接配套，有序推进面向全球、连接内陆的国际运输通道建设。

加强多式联运。依托长江经济带各地中欧班列，加强铁水、公水联运衔接，整合港区港口、铁路、公路航运等资源，建立多方联动机制，实现"海箱上路、铁箱下水"，提高水路集疏运比例。依托沿海和内河主要港口，深入开展集装箱铁水、公水联运示范工程，扩大集装箱铁水、公水联运示范范围和内容，推广应用示范工程成果。加快推进上海港、宁波舟山港等沿海港口疏港铁路建设，建成便捷高效的长江经济带港口多式联运系统，加快内河其他主要港口与铁路、公路的连接线建设。

优化运输体系。完善苏州、南京、芜湖、九江、武汉、重庆等沿江干线重点港口煤炭、矿石、原油、散粮、集装箱及液体化工品等专业化运输体系，重点发展沿江支线港口集装箱、化学品、农产品等新兴货种运输，构建合理、高效的长江外贸货运专业化运输体系，促进长江内河、沿海和远洋运输组织规模化、网络化发展。

（五）积极应对国际贸易摩擦

鼓励航运行业协会探索设立国际贸易摩擦专项基金，建立健全行业协会职能，规避因贸易摩擦而产生的航运风险，有效应对国际贸易摩擦对长江航运可能产生的负面影响。在设立专项基金之前，积极通过民间贷款、政府资助和企业缴纳等不同渠道进行资金筹集，将资金集中后，交由航运行业协会进行统一管理。在设立专项基金的过程中，应确立行业协会在专项基金中的主导地位，逐步完善行业协会的经济职能，使其在美线航运资金保障中发挥重要作用。设立专项基金后，在某些航运企业因贸易摩擦而造成货运量发生较大幅度变动时，航运行业协会可为经济实力较差的中小航运企业提供一定比例的资金支持，避免航运企业因资金不足而难以运营或者破产等。

发挥长江经济带应对国际贸易摩擦工作站及上海应对国际贸易摩擦工作站的指导作用，在原有电子、汽车、化工、纺织等重点行业的基础上，将航运纳入重点监测、指导的范围。航运行业协会等部门要与应对国际贸易摩擦工作站加强沟通，定期研阅国家相关部门应对贸易摩擦的措施，研究定期汇编简报，并向沿江港航企业发布。此外，鼓励航运相关部门或企业通过行业协会，呼吁国家相关部门出台税费减免及补贴政策开展贸易救济，并督促行业行政管理部门提升服务水平。

长江经济带地区主导产业的类型与格局演化研究

——以省级以上开发区为例

田 野[①] 陈 洁[②] 董 莹[①] 蒋 亮[②] 罗 静[②]*

摘 要：合理的产业类型选择与产业布局形态，对于区域经济高质量发展具有重要影响。本文以长江经济带 2006 年和 2018 年省级以上开发区为例，利用文本挖掘方法对其主导产业的类型演化进行分析。在产业分类的基础上，利用核密度、最邻近指数对不同产业发展类型的空间格局演化进行分析。结果发现：(1) 机械与装备制造产业长期保持主导产业核心地位，同时高附加值产业和新兴产业发展迅速，传统产业地位下降，产业升级态势明显。(2) 国家级开发区是区域产业转型升级的关键引领，东中西部区域间产业分工有所优化。(3) 产业布局的空间集聚特征显著，但表现出由东部向中西部扩散与城市群协同发展的趋势。(4) 不同产业发展类型的空间集聚形态与扩散路径存在差异，劳动密集型产业的扩散强度最大，战略性新兴产业最弱。据此，从污染产业转移管控、国家级开发区产业引领以及城市群协同发展等方面提出了促进长江经济带产业高质量发展的相关建议。

关键词：长江经济带；主导产业；类型转换；格局演化；高质量发展

---

① 作者单位为湖北经济学院长江经济带发展战略研究院、财经高等研究院。

② 作者单位为华中师范大学地理过程分析与模拟湖北省重点实验室、城市与环境科学学院。

＊ 基金项目：国家自然科学基金项目（42001185、41871176、41801177）；教育部人文社会科学研究青年基金项目（20YJCZH147）；华中师范大学中央高校基本科研业务费项目（CCNU16JCZX09）。

作者简介：田野（1990-），男，河南永城人，博士，讲师。主要研究方向为区域发展与城乡规划。E-mail：yongcheng_tianye@126.com。

＊ 通讯作者：罗静（1966-），男，湖北松滋人，教授，博士生导师。主要研究方向为人文与经济地理学。E-mail：luojing@mail.ccnu.edu.cn。

　　长江是中华民族的母亲河，也是中华民族发展的重要支撑，但长期以来长江沿岸的产业发展惯性较大，重化工业高密度布局，成为长江大保护与经济高质量发展的重大阻碍[1]。自长江经济带战略提出以来，国家出台了一系列涉及产业绿色发展的意见、规划、行动计划等，推动长江经济带，特别是长江沿岸的污染产业退出与产业转型升级。与此同时，由于地区的产业发展历史和发展禀赋不同，地区主导产业选择也存在差异。适时理清这一过程中长江经济带不同地区主导产业的类型转变、地区差异与格局演化，对于促进长江经济带的产业结构转型升级与产业布局优化调整具有重要意义。

　　主导产业的发展对区域经济增长具有扩散效应，通过带动其他产业发展，最终实现经济总量提升和结构升级[2]。主导产业作为地区经济发展的重要动力支持受到了学者们的广泛关注[3]。早期国外学者多将关注点投向区域主导产业的选择[4]，随着区域产业发展的不断推进，产业内部结构优化[5]、产业集聚效应[6]、产业溢出效应[7]等成为学者关注的热点。伴随发达国家工业化逐渐完成，国外学者的研究视角逐渐转向产业升级路径与产业政策对于区域产业发展的影响[8]，并以部分发展中国家为例开展了实证研究[9-10]。国内学者基本延循类似的研究路径，并在主导产业培育[11-12]、产业结构转型[13-14]、产业集群化发展[15-16]、区域产业转移[17-19]等方面取得了众多成果。从目前学者们对于开发区的研究来看，主要集中于开发区的经济带动效应[20-21]、土地集约化利用[22-24]、空间分布特征[20,25-26]、开发区运行效率[27-28]等方面。但就现有研究成果来看，对于主导产业的研究多以特定尺度的行政区为主，从开发区视角对于地区主导产业类型与格局进行研究的成果相对较少。开发区作为改革开放以来我国在促进区域经济发展方面的重要实践[25]，取得了巨大的经济效益和社会效益，成为推动地区经济发展的重要增长极[29]，其主导产业很大程度上代表了地区产业发展的主导方向。长江经济带作为关系国家发展全局的重大战略，既承担着维护地区生态安全的重任，又肩负着引领全国经济高质量发展的使命，因此有必要对其主导产业的类型演化与空间格局进行深入研究。

　　鉴于此，本文以长江经济带省级以上开发区为例，利用国家发展改革委联合多部委发布的《中国开发区审核公告目录》（2006年版）和《中国开发区审核公告目录》（2018年版），通过文本提取，构建主导产业语料库，利用文本挖掘的相关方法，精准揭示2006—2018年长江经济带地区主导产业的类型分布及转换过程。之后，将主导产业划分为劳动密集型产业、资本密集型产业、技术密集型产业和战略性新兴产业，并在此基础上利用核密度、最邻近指数等空间计量方法，分析不同产业发展类型的空间格局演化，以期为长江经济带主导产业选择和产业布局优化提供决策参考。

1. 研究区概况

长江经济带横跨我国东中西三大区域、11 个省市，面积超过 200 万平方千米，人口和生产总值占比均超过全国的 40%，是关系国家发展全局的重要地带，承担着引领全国经济高质量发展的重要任务。2006 年长江经济带共有省级以上开发区 760 个，其中国家级开发区 87 个、省级开发区 673 个；2018 年共有省级以上开发区 1122 个，其中国家级开发区 254 个、省级开发区 868 个。为了更深入地表现长江经济带主导产业构成与变化的区域差异，根据国家区域发展战略，将长江经济带分为东部（上海、浙江、江苏）、中部（安徽、湖北、湖南、江西）和西部（四川、重庆、贵州、云南）。

2. 研究方法与数据来源

2.1 类型分布

2.1.1 语料库构建

提取《中国开发区审核公告目录》（2006 年版）和《中国开发区审核公告目录》（2018 年版）中的主导产业字段作为信息源，构建长江经济带以及东中西部地区的主导产业分析文本。利用 Python 进行数据清洗，主要操作包括中文分词、设置停用词、词干提取等，进而构建形成 2006 年和 2018 年的主导产业语料库。在此基础上，利用文本挖掘的相关处理函数统计长江经济带以及不同地区主导产业关键词频数，并利用 wordcloud 模块进行可视化表达。

2.1.2 TF-IDF 指数

TF-IDF 是一种文本统计方法，TF（Term Frequency）指词条在文本中出现的频率，IDF（Inverse Document Frequency）指逆向文本频率。其主要思路在于先将文本进行分类，并统计不同类文本中的关键词频数，在此基础上构建文本类与词频的二元组向量，在进行矩阵变换之后，即可计算出各关键词在不同类文本中的 TF-IDF 指数。本文将长江经济带划分为东部、中部、西部 3 个区域，可构建 3 个主导产业分析文本，若某一类主导产业在某区域的 TF-IDF 值高，则意味着该类主导产业在该区域更具优势，其公式为

$$TF_{ij} = \frac{n_{ij}}{\sum_k n_{kj}} \tag{1}$$

其中，TF_{ij} 指词条在某一文档中出现的频率，n_{ij} 指词条在文档中出现的次数，k 指文档中的其他类词条，分母即指某一文档所包含的全部词条数。

$$IDF_{ij} = \log \frac{|D|}{|\{j: t_i \in d_j\}| + 1} \tag{2}$$

其中，IDF_{ij} 指逆向文本频率，$|D|$ 指语料库中的文档数，t_i 指特定词条，j 指文档分类，d_j 指语料库中的 j 类文档，$|\{j: t_i \in d_j\}|$ 即指包含 t_i 的文档数。若该词条不在语料库 j 中则分母为 0，为使模型有意义，因此分母加 1。

TF-IDF 指数可表达为

$$TF - IDF = TF \times IDF \tag{3}$$

2.2　空间格局

2.2.1　核密度分析

密度是地理要素空间分布的重要特征之一。核密度分析能够清晰有效地反映地理要素在空间上的形态特征，并表现出其空间离散或集聚的特征，其研究思路是以区域内某个事件点为圆心，以指定带宽 r 为半径画圆，并对其中的开发区数进行统计，之后计算其与所在圆面积大小的比例关系。

$$\lambda(j) = \sum_{i=1}^{N} \frac{1}{\pi} K\left(\frac{d_{ij}}{r}\right) \tag{4}$$

其中，r 为指定带宽，K 为空间权重函数，可视为开发区点 i 的权重，若 i 与中心点距离越大，则其权重越小，反之则越大。d_{ij} 为指定带宽内两点之间的距离大小，N 为区域内开发区的数量。

2.2.2　最邻近指数

最邻近指数 NNI 的主要思路在于通过计算观测点和与之临近的事件点的欧式距离均值 $\bar{r}$，并将随机分布状态下的平均距离与之相比较，观察二者的偏离程度。若观测点欧式距离均值 $\bar{r}$ 显著偏离随机分布状态下的平均距离，则说明观测点的空间分布存在均匀或集聚分布状况[30]。

$$NNI = \frac{2\left[\sum_{i=1}^{N} \frac{MIN(d_{ij})}{N}\right]}{\sqrt{\frac{A}{N}}} \quad (5)$$

其中，NNI 为最邻近指数，$MIN（d_{ij}）$ 指区域内任一点与其临近事件点的最短距离，A 和 N 分别指研究区面积和事件点总数，当 NNI 等于 1 时可视为完全随机分布，大于 1 时趋向于均匀分布，小于 1 时则呈现集聚分布。

2.3 数据来源

2006 年和 2018 年的主导产业类型数据是根据国家发展改革委与多部委联合发布的《中国开发区审核公告目录》（2006 年版）和《中国开发区审核公告目录》（2018 年版）主导产业字段提取获得。矢量数据是利用百度地图坐标拾取系统根据开发区名称获取地理坐标，经转换后获取省级以上开发区矢量点数据。长江经济带省级及地市级行政区边界矢量要素来源于国家地球系统科学数据共享服务平台，在经过拓扑检查与修复后，统一投影至 Lambert 正形圆锥投影系。

3. 主导产业的类型演化分析

3.1 机械与装备制造产业始终占据前列，同时高附加值产业和新兴产业发展迅速，逐渐成为地区核心产业类型

从长江经济带 2 个年份主导产业类型的分布来看，机械位居 2006 年产业类型分布首位，出现频次达到 322 个，占当年全部开发区总数的42.37%，即当年超过四成的开发区主导产业涉及机械。2018 年机械落至第 3 位，频次为 212 个，装备则变为第 2 位，频次为 248 个，二者合计达到460 个，占当年全部开发区总数的 40.99%，机械与装备制造产业始终是长江经济带最核心的主导产业类型。而对比 2 个年份，机械频次下降34.16%，而装备则从未进入前 10 迅速攀升至第 2 位，意味着这一时期长江经济带内的传统机械制造业开始向附加值更高、技术难度更大的装备制造业转换，机械制造业开始出现明显的产业升级。在机械与装备制造业之外，新兴产业及高附加值产业发展迅猛，这一时期电子从排名第 4 位，迅速攀升至第 1 位，而且频次增加 31.91%，材料则从未进入前 10 攀升至第 4位，频次增加幅度达到 212.31%。与此同时，2006 年分别排名第 2 位、第 3

位的医药与纺织产业排名与频次大大滑落。至 2018 年排名前 5 的均为高附加值产业，高技术含量的产业类型，成为该地区核心主导产业（见表 1）。

表 1　长江经济带频次排名前 10 的主导产业类型　　　　　　单位：个

排名			1	2	3	4	5	6	7	8	9	10
2006年	全部	类型	机械	医药	纺织	电子	化工	食品	汽车	建材	服装	农产品
		频次	322	209	194	188	167	162	99	98	82	77
	国家级	类型	电子	医药	机械	材料	光机电	化工	食品	汽车	信息	生物
		频次	42	30	27	17	17	13	13	12	12	11
	省级	类型	机械	纺织	医药	化工	食品	电子	建材	汽车	服装	农产品
		频次	295	190	179	154	149	146	94	87	81	74
2018年	全部	类型	电子	装备	机械	材料	医药	食品	化工	汽车	农产品	建材
		频次	248	248	212	203	192	156	155	139	134	126
	国家级	类型	装备	电子	材料	医药	汽车	物流	机械	新能源	食品	化工
		频次	86	85	55	52	46	34	30	27	24	23
	省级	类型	机械	电子	装备	材料	医药	食品	化工	农产品	建材	纺织
		频次	182	163	162	148	140	132	132	129	122	98

3.2　优势传统产业的构成较为稳定，但由占据主导地位到地位逐渐下降，产业升级态势明显

从优势产业的构成来看，2006 年排名前 10 的主导产业大部分均为传统的劳动密集型产业，纺织甚至高居当年的第 3 位，频次达到 194 个，占全部省级以上开发区总数的 25.53%，同期的食品、建材、服装、农产品等劳动密集型产业也高居前 10，产业构成以传统产业为主。2018 年，排名前 10 的主导产业中，传统的劳动密集型产业地位显著下降，纺织与服装退出前 10，电子、装备、材料的排名则显著上升，而且绝对数量大幅增加。观察其他产业类型的分布，化工的频次由 167 个下降至 155 个，医药的频次由 209 个下降至 192 个，在长江经济带省级以上开发区总数增加 47.63% 的情况下，二者反而出现总数上的下降，意味着化工和医药等污染行业有逐渐退出该区的趋势，长江大保护的成效开始有所显现，长江经济带产业升级的趋势显著（见表 1 和图 1）。从优势传统产业的构成来看，2 个年份传统产业类型较为稳定，除纺织外，食品、建材、农产品等始终保持排名前 10，其中，食品的频次有所下降，但其排名仍保持第 6 位。建材的频次增长了 28.57%，农产品的频次增长幅度更是达到 80.52%，证实了长江经济带在农业生产上的重要地位和农业产业化发展上的巨大进步。

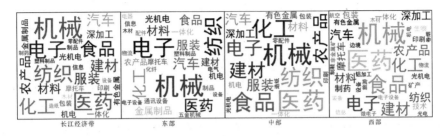

a. 2006 年

b. 2018 年

图 1　长江经济带主导产业分布的词云图

3.3　国家级开发区主导产业构成的层次显著高于省级开发区，是区域产业转型升级的关键引领

与同期省级开发区相比，国家级开发区优势主导产业构成的层次明显较高。2006 年，省级开发区优势主导产业多为劳动密集型产业，纺织高居第 2 位，食品、建材、服装、农产品等也高居前 10，而同期国家级开发区优势主导产业中仅有食品为传统的劳动密集型产业，电子高居首位，同时材料、光机电、信息、生物等新兴产业和高附加值产业跻身前 10，产业构成与省级开发区形成鲜明对比，产业构成的知识含量、技术水平均显著高于同期省级开发区。2018 年，省级开发区的产业构成虽有所升级，电子、装备、材料等进步显著，但劳动密集型产业仍是省级开发区的主要构成，食品、农产品、建材、纺织等均为排名前 10 的主导产业类型。相比之下，2018 年国家级开发区的产业构成开始出现新变化，装备成为排名首位的主导产业类型。与此同时，物流等现代服务业和新能源等环保产业开始成为国家级开发区的优势主导产业（见表 1）。在这 2 个年份，国家级开发区优势主导产业构成的层次均显著高于省级开发区，成为新兴产业发展的重要载体，凸显出其在引领区域产业转型升级上的重要地位。

3.4 东中西部优势主导产业的类型差异演化明显，区域间产业分工有所优化

分别提取2个年份长江经济带东部、中部、西部的主导产业分布，构建语义分析文本，并计算2个年份不同地区文本构成的TF-IDF值。对比2个年份可以发现，2006年东中西部优势主导产业构成存在极为明显的同质性，优势主导产业集中于少数几种类型。2006年，东中西部TF-IDF值排名前5的主导产业类型集中于机械、电子、纺织、化工、医药、食品6种类型，东中西部优势主导产业的构成基本不存在差异性。特别是中部和西部，TF-IDF值排名前3的主导产业类型完全一致，地区产业发展存在明显的重复建设和恶性竞争风险。2018年，东中西部优势主导产业发展开始出现明显的空间分异，TF-IDF值排名前5的主导产业类型由2006年的6个增加至10个，而且东部、中部、西部均出现各自区别于其他地区的优势产业类型，东部的材料、汽车，中部的农产品和西部的建材、化工、食品等成为各自地区区别于其他地区的优势产业类型，地区间的产业分工得到明显优化。但值得警惕的是，化工在2006年是东部、中部、西部均具有明显优势的产业类型，但在西部仅排名第5，低于东部和中部，而到了2018年，在化工已退出东部和西部优势主导产业的情况下，其反而成为西部TF-IDF值排名第3位的优势产业类型（见表2）。东部和中部的化工产业有向西部转移的风险，这是未来产业布局需要着重予以调控的重要现象。

表2　长江经济带东中西部TF-IDF值排名前5的主导产业类型

	排名		1	2	3	4	5
2006年	东部	类型	机械	电子	纺织	化工	医药
		指数	0.623	0.481	0.391	0.223	0.198
	中部	类型	机械	医药	食品	化工	纺织
		指数	0.567	0.505	0.349	0.345	0.345
	西部	类型	机械	医药	食品	电子	化工
		指数	0.453	0.423	0.392	0.258	0.227
2018年	东部	类型	装备	机械	材料	电子	汽车
		指数	0.436	0.378	0.368	0.349	0.266
	中部	类型	电子	机械	医药	装备	农产品
		指数	0.440	0.338	0.320	0.299	0.285
	西部	类型	装备	建材	化工	食品	医药
		指数	0.391	0.365	0.348	0.343	0.327

4. 主导产业的空间格局分析

为了进一步展现长江经济带地区主导产业的产业发展特征与空间格局，根据不同产业的要素投入差异，将其划分为劳动密集型产业、资本密集型产业、技术密集型产业。与此同时，考虑到战略性新兴产业在地区产业结构调整与转型中的重要地位，根据国家统计局发布的《战略性新兴产业分类（2018）》，将所涉及的产业类型划分至战略性新兴产业，从而构建形成长江经济带2个年份劳动密集型产业、资本密集型产业、技术密集型产业、战略性新兴产业4种产业发展类型数据库①。之后，分别对其进行密度分析与可视化表达，并对其空间集聚形态与演化进行分析。

4.1 产业布局的空间集聚特征显著，但出现向中西部扩散的态势，地区间产业布局有所平衡

分别对2个年份4种产业发展类型的空间集聚程度和比例进行分析，可以发现各产业发展类型的 NNI 指数均小于1，不同产业发展类型均存在地域上的空间集聚。但不同产业发展类型的 NNI 指数大小存在明显差异，2个年份均呈现"劳动密集型产业（0.753、0.834）＞资本密集型产业（0.715、0.782）＞技术密集型产业（0.690、0.696）＞战略性新兴产业（0.539、0.642）"的格局，即劳动密集型产业的空间集聚程度最低而战略性新兴产业的空间集聚程度最高。与此同时，在几种产业发展类型中，劳动密集型产业所占的比例出现了大幅度下降，下降幅度达到12.06%，其他3类产业发展类型的占比则均出现不同程度的增长，而且战略性新兴产业增长幅度最大，幅度达到5.46%，产业转型升级的态势明显。劳动密集型产业的技术含量和资本要求最低，产业发展的准入门槛也相对最低，因此成为空间集聚程度最低的产业发展类型。相比之下，战略性新兴产业准入门槛最高，因此只在少数科技水平较高、综合发展能力较强的地区形成显著集聚，从而形成产业集聚程度随资本和技术含量增大而渐趋增强的格局。但从空间集聚程度的时间变化来看，各产业发展类型的 NNI 指数均出现了明

---

① 劳动密集型产业包括纺织服装、食品、农副产品加工、竹木产品加工制造等，资本密集型产业包括化工、矿产资源开发、油气资源开发、煤炭采掘与加工等，技术密集型产业包括电子、装备和机械制造、医药等，战略性新兴产业包括节能环保、信息、生物、高端装备制造、新能源、新材料、新能源汽车等。

显增长，空间集聚程度则出现了下降，空间分布的范围出现了扩展（见表3）。而且观察核密度图可以看出，4大产业发展类型的密度分布均呈现出由东至西逐渐扩展的态势，特别是劳动密集型产业和资本密集型产业，空间扩散态势极为显著。中部和西部承接东部产业转移的步伐加快，产业布局强度明显增加，东中西部之间的产业布局有所平衡。

表3　长江经济带不同类型主导产业分布及其最邻近指数　　单位：个、%

年份	劳动密集型产业			资本密集型产业			技术密集型产业			战略性新兴产业		
	个数	占比	NNI	个数	占比	NNI	个数	占比	NNI	个数	占比	NNI
2006	529	69.61	0.753	237	31.18	0.715	590	77.63	0.690	136	17.89	0.539
2018	642	57.22	0.834	373	33.24	0.782	887	79.06	0.696	262	23.35	0.642

注：由于部分开发区的主导产业包含数个类型，因此4类产业发展类型的开发区数量之和大于开发区总数。

4.2　省会城市及周边始终是地区产业集聚的主要空间载体，但开始表现出由省会城市向城市群协同发展的态势

从产业集聚的空间分布来看，各产业发展类型的空间集聚形态表现呈现出较为明显的"大集聚、小分散"的基本格局，空间集聚显著集中于若干主要区域。为了更好地表现产业集聚的空间形态与地域分布，将地市级行政区边界与不同产业发展类型的核密度图进行叠加分析。可以发现除长三角这一高度集聚区以外，大部分产业发展类型均显著集中于武汉、南昌、长沙、成都、重庆、贵阳、昆明等城市及周边，形成若干次一级的产业集聚中心，省会城市始终是一省产业发展的主要阵地，具有较强的产业集聚效应。但分析2个年份产业集聚的空间形态可以看出，2006年，除长三角呈现出高度集聚的面状形态外，其他省会城市则多以集聚点的形态分散分布于各省，形成相对孤立的区域增长极。至2018年，产业集聚空间则开始以省会城市为中心，向外出现一定程度的空间扩散，产业集聚形态开始由孤立点状向面状扩展，形成若干城市联动发展的新格局。除长三角外，在空间上表现出以武汉、长沙、南昌为中心的长江中游城市群，以成都、重庆为中心的成渝城市群，以及以贵阳为中心的黔中城市群和以昆明为中心的滇中城市群，城市群日益成为承载发展要素的主要空间形式。

4.3　不同产业发展类型的空间集聚形态与扩散路径存在差异，长三角地区始终保持产业发展的引领性地位

从4大产业发展类型的空间格局来看，长三角地区始终保持高度的产业

集聚，而且其集聚形态呈现出面状展布格局，区域一体化协同发展的潜力最大。从不同产业发展类型的格局变化来看，劳动密集型产业和资本密集型产业的格局变化较为显著，而技术密集型产业和战略性新兴产业的空间布局形态则相对稳定。劳动密集型产业呈现出显著的由东至西的空间扩散路径。产业强集聚区由 2006 年的长三角和中部的武汉、长沙、南昌等城市及周边，扩展至西部的成都和重庆，昆明和贵阳的空间集聚强度也出现了显著进步。资本密集型产业则呈现出由东至西、由北至南的空间扩散路径，中部的产业集聚区由 2006 年的武汉、南昌等地向南扩展至湖南和江西南部地区，西部的四川南部以及昆明、贵阳，在西部形成若干产业集聚中心。从产业扩散的方向来看，劳动密集型产业和资本密集型产业在中西部尤其是西部的进步显著，在一定程度上反映出 2006—2018 年的区域开发导向和资本流出方向，区域发展不平衡不充分的格局有所缓解。而对技术密集型产业和战略性新兴产业而言，二者的空间格局表现出较强的稳定性，少数城市始终是产业集聚的主要地区，而且相比之下，战略性新兴产业的集聚形态更为稳定，其向西部扩散的态势要弱于技术密集型产业。正如前文所言，技术密集型产业和战略性新兴产业准入门槛较高，因此少数科技水平较高、综合发展能力较强的地区成为引领两种产业发展类型的主要区域，其他地区由于自身条件有限，难以承接该类产业的扩散，出现产业发展的准入门槛越高，产业扩散的难度越大、范围越小的现象，区域产业发展呈现出路径依赖现象。

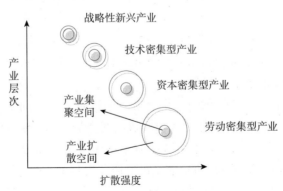

图 2 不同产业发展类型的空间扩散强度示意

5. 结论与建议

5.1 结论

基于《中国开发区审核公告目录》（2006 年版）和《中国开发区审核公告目录》（2018 年版），本文通过构建语料库，利用文本挖掘等方法对长江经济带地区主导产业的类型演化进行分析，再利用核密度和最邻近指数对其空间格局演化进行分析，得到以下结论。

（1）机械与装备制造长期保持主导产业核心地位，同时高附加值产业和新兴产业发展迅速，传统产业地位下降，产业升级态势明显。2 个年份长江经济带主导产业涉及机械与装备制造的开发区分别占当年全部开发区总数的 42.37% 与 40.99%，长期稳居主导产业核心地位。与此同时，食品、建材、服装、农产品等优势传统产业排名大幅下降，电子、装备、材料等高附加值产业和新兴产业发展迅速，并成为 2018 年排名前 5 的主要产业类型，长江经济带呈现出较为明显的产业升级态势。

（2）国家级开发区是区域产业转型升级的关键引领，东中西部区域间产业分工有所优化。与同期省级开发区相比，国家级开发区优势主导产业构成的层次明显较高。2 个年份食品、农产品、建材、纺织等劳动密集型产业长期位居省级开发区主导产业的前 10，而同期国家级开发区主导产业构成中的劳动密集型产业则明显较少，并且在 2 个年份的主导产业构成中均出现新兴产业类型，特别在 2018 年这一形势表现得更为显著。除此之外，长江经济带东中西部主导产业构成由 2006 年的集中于少数类型，到 2018 年类型分布更趋多元化，而且各地区均出现区别于其他地区的主导产业类型，地区间的产业分工有所优化。

（3）产业布局的空间集聚特征显著，但同时表现出向中西部扩散与城市群协同发展的态势。2 个年份 4 种产业发展类型的 NNI 指数均小于 1，呈现出地域上的空间集聚，集聚地区显著集中于省会城市及其周边地区，并且开始出现由单一省会城市带动向城市群协同发展的态势。与此同时，4 大产业发展类型的密度分布均呈现出由东至西逐渐扩展的态势，特别是劳动密集型产业和资本密集型产业，空间扩散态势显著。中部和西部承接东部产业转移的步伐加快，产业布局强度明显增加，东中西部之间的产业布局有所平衡。

（4）不同产业发展类型的空间集聚形态与扩散路径存在差异，劳动密集型产业的扩散强度最大，战略性新兴产业最弱。劳动密集型产业和资本密集型产业的格局变化较为显著，而技术密集型产业和战略性新兴产业的空间形态变化相对较小。劳动密集型产业呈现出显著的由东至西的空间扩散路径，资本密集型产业则呈现出由东至西、由北至南的空间扩散路径。技术密集型和战略性新兴产业由于产业发展的准入门槛较高，形成少数科技水平较高、综合发展能力较强的地区成为这两种产业发展类型的主要集聚区域，其空间格局相比之下变化较小，区域产业发展出现路径依赖。除此之外，长三角地区始终保持各产业发展类型的高度集聚，集聚形态呈现出面状展布格局，区域一体化协同发展的潜力最大，是长江经济带高质量发展的主要引领。

5.2 建议

从 2006 年与 2018 年长江经济带主导产业的类型与格局演化来看，在此期间传统产业逐渐退出，新兴产业加速发展的态势明显，同时城市群产业协同发展进程加速，并逐渐发育形成地区产业发展的主要空间载体，在长江大保护与高质量发展的背景下，上述趋势为长江经济带未来发展提供了潜力。与此同时，长江经济带的产业发展面临巨大挑战，需要在以下方面予以特别关注。

一是要高度重视化工产业向西部转移的趋势。西部生态地位突出、环境相对脆弱，并且由于地处上游，一旦造成污染，影响和治理难度较大。目前西部化工产业的发展趋势明显，要特别注意协调好产业转移与环境保护之间的关系。

二是要注意培育国家级开发区在地区产业转型升级上的引领作用。对于高科技产业、战略性新兴产业等国家着重培育的产业类型，要充分发挥国家级开发区的孵化作用，由点及面，促进区域整体产业结构的转型升级。

三是要注意发挥城市群对于产业发展的集聚效应，同时做好区域间产业分工的引导和优化。长江经济带产业集聚逐渐由省会城市向城市群协同发展演化，但同时东中西部优势主导产业重复现象仍较为明显，要注意发挥城市群在产业集聚上的规模效应，同时做好全产业链的打造，优化区域间的产业分工，打造区域协调发展新格局。

参考文献

［1］习近平 . 在深入推动长江经济带发展座谈会上的讲话［EB/OL］. http：//www. xinhuanet. com/politics/leaders/2019-08/31/c_1124945382. htm.

［2］杜恩社，冯兵. 新型工业化进程中区域主导产业选择研究——以河南省为例［J］. 自然资源学报，2009，24（1）：173-178.

［3］王春艳，蔡敬梅，李卫东. 主导产业引领区域经济增长——基于禀赋约束理论模型［J］. 科技进步与对策，2013，30（13）：34-38.

［4］Bathelt H，Boggs J S. Toward a Reconceptualization of Regional Development Paths：Is Leipzig's Media Cluster a Continuation of or a Rupture with the Past?［J］. *Economic Geography*，2003，79（3）：265-293.

［5］Peneder M. Change，Transformation and Development［J］. *Journal of Evolutionary Economics*，2002，12（1）：107-134.

［6］Fu W. Industrial Clusters as Hothouses for Nascent Entrepreneurs? The Case of Tianhe Software Park in Guangzhou，China［J］. *Annals of Regional Science*，2016，57（1）：253-270.

［7］Rodríguez-Pose A，Crescenzi R. R&D，Spillovers，Innovation Systems and the Genesis of Regional Growth in Europe［J］. *Bruges European Economic Research Papers*，2006，42（1）：51-67.

［8］Wagner H. Structural Change and Mid-Income Trap：Under Which Conditions can China Succeed in Moving towards Higher Income Status?［J］. *European Journal of Comparative Economics*，2015，12（2）：165-188.

［9］Fabina J，Wright M L J. Nigeria：Where Has All the Growth Gone?［R］. World Bank Publication，2013.

［10］Jankowska A，Nagengast A，Perea J R. The Product Space and the Middle-Income Trap：Comparing Asian and Latin American Experiences［R］. OECD Development Centre Working Paper，2012.

［11］刘洋，刘毅. 东北地区主导产业培育与产业体系重构研究［J］. 经济地理，2006，26（1）：50-54.

［12］刘文华，田应华，刘伟辉，等. 重庆市服务业主导产业的选择与发展对策［J］. 经济地理，2011，31（9）：1489-1492.

［13］王伟，孙雷. 区域创新系统与产业转型耦合协调度分析——以铜陵市为例［J］. 地理科学，2016，36（2）：204-212.

［14］邓向荣，曹红. 产业升级路径选择：遵循抑或偏离比较优势——基于产品空间结构的实证分析［J］. 中国工业经济，2016（2）：52-67.

［15］王承云，秦健，杨随. 京津沪渝创新型城区研发产业集群研究

[J]. 地理学报, 2013, 68 (8): 1097-1109.

[16] 陈雁云, 朱丽萌, 习明明. 产业集群和城市群的耦合与经济增长的关系 [J]. 经济地理, 2016, 36 (10): 117-122.

[17] 唐根年, 许紫岳, 张杰. 产业转移、空间效率改进与中国异质性大国区间"雁阵模式" [J]. 经济学家, 2015 (7): 97-104.

[18] 崔建鑫, 赵海霞. 长江三角洲地区污染密集型产业转移及驱动机理 [J]. 地理研究, 2015, 34 (3): 504-512.

[19] 刘红光, 王云平, 季璐. 中国区域间产业转移特征、机理与模式研究 [J]. 经济地理, 2014, 34 (1): 102-107.

[20] 郑国. 经济技术开发区区域带动效应研究 [J]. 地域研究与开发, 2007, 26 (2): 20-25.

[21] 丁悦, 蔡建明, 任周鹏, 等. 基于地理探测器的国家级经济技术开发区经济增长率空间分异及影响因素 [J]. 地理科学进展, 2014, 33 (5): 657-666.

[22] 岳大鹏, 石劲松, 焦洋. 开发区土地集约利用潜力的内涵分析与拓展——以西安市为例 [J]. 中国土地科学, 2011, 25 (11): 37-42.

[23] 李淑杰, 宋丹, 刘兆顺, 等. 开发区土地集约利用的区域效应分析——以吉林省中部开发区为例 [J]. 中国人口·资源与环境, 2012, 22 (1): 117-122.

[24] 魏宁宁, 陈会广, 徐雷. 开发区土地集约利用评价方法对比研究 [J]. 长江流域资源与环境, 2017, 26 (10): 1556-1563.

[25] 高超, 金凤君. 沿海地区经济技术开发区空间格局演化及产业特征 [J]. 地理学报, 2015, 70 (2): 202-213.

[26] 郑智, 叶尔肯·吾扎提, 梁宜, 等. 经济技术开发区建设对中国经济格局的影响 [J]. 经济地理, 2019, 39 (6): 26-35.

[27] 蔡善柱, 陆林. 中国经济技术开发区效率测度及时空分异研究 [J]. 地理科学, 2014, 34 (7): 794-802.

[28] 王丽, 樊杰, 郭锐, 等. 基于DEA方法的国家高新技术产业开发区运行效率评价 [J]. 工业技术经济, 2019, 38 (9): 50-57.

[29] 焦贝贝, 张治河, 肖新军, 等. 中国开发区发展阶段与时空分布特征研究 [J]. 科研管理, 2018, 39 (10): 50-60.

[30] 田野, 罗静, 崔家兴, 等. 长江经济带旅游资源空间结构及其交通可进入性评价 [J]. 经济地理, 2019, 39 (11): 203-213.